与母亲在家门口合影

合家欢乐照

和团队一起

美华家人赴欧洲游

▶ 与世界营销大师
　　米尔顿·科特勒合影

与经济学家郎咸平一起交流 ▶

◀ 与李践老师合影

▶ 与曾仕强教授亲切沟通

在担任陕西创业大赛评委时
与林伟贤老师合影 ▶

◀ 与如家连锁 CEO 孙坚亲切合

为美华优秀团队颁奖

美华高管与华商精英座谈

亲自培训骨干精英

与员工在野外闲聚

感恩突出贡献员工 ▲

照护突发疾病
的员工就诊 ▶

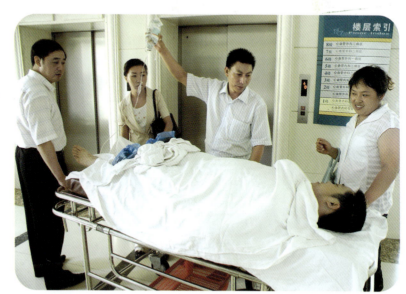

美华金唐国际酒店天井 ▲

▲ 酒店套房

◀ 酒店餐饮豪华包厢

与你的梦想一起奔跑

创业家是怎样炼成的

龚兆庆　屈波◎著

ZHEJIANG UNIVERSITY PRESS

浙江大学出版社

推荐序 创业家精神与商业文明

上海交通大学安泰管理学院副院长 何志毅

这是一本关于中国创业家的人生故事,读完之后,我不禁将它与近期的商业文明研究联系起来。据我们的初步观察,商业文明不仅包括商业活动、组织的文明,而且与社会大文明密切地联系在一起。从商业与社会大文明的关系来看,有两个方面的内容尤其值得重视:一是社会为促进商业发展造就的文明环境,二是商业发展,尤其是商人精神对社会大文明的进步作用和贡献。

本书主人公龚兆庆先生,是中国众多的创业家之一。中国在今天,为什么会成批地出现创业家? 其根本原因在于:改革开放所造就的文明环境。没有这种由理念、制度、规则构成的社会大文明,也就不会产生出龚兆庆先生这一批创业家。

在同样的文明环境中,并非所有人都拥有创业家精神并成功创业,这取决于个人的信念和选择。龚兆庆说的一句话颇有意思:"中国做企业有两种人,一种是妖人,一种是铁人,我们就是铁人。"使我感兴趣的是,为什么有妖人与铁人的分别,二者的区别究竟是什么？

所谓妖人，我的理解，就是那些靠特殊的背景和资源起家的人，他们不拥有创业家精神，而是权力的依附者；而铁人则是彻头彻尾的实干家，他们拥有创业家精神，是中国商业文明的主要载体。

平心而论，创业的辛苦不足为外人道，创业的风险无处不在，他人的蜜糖也许是自己的毒药，但抛开成功的偶然因素不谈，我更欣赏创业家那种纯粹的、乐观的与积极向上的精神。

由龚兆庆的人生故事，我又想起自己曾经做过的一项关于民营企业家精神动力的调查研究。2003 年，我曾花了 6 个月的时间访问了 19 位企业家，在北京和广东地区组织了两次企业家座谈会，随机收集了 211 份民营企业家的匿名调查问卷，得出的初步结论是，民营企业家当初的创业动机大都是为改善生活状态，办企业的目的是赚钱。在总样本中，物质动力大于精神动力的企业家占 61%，创业初期精神动力大于物质动力的企业家占 28%，物质动力与精神动力各占 50% 的占 11%，而完全以物质为动力和完全以精神为动力的只是极少数。

一个有趣的现象是，随着个人需求的逐步满足，中国民营企业家创业时主要的物质驱动，会在创业成功之后转向以精神驱动为主。具体情形包括，当面临各种困难时，企业家能否怀着坚定的信心将事业贯彻下去；当个人财富迅速积累的时候，他们是否能抵制自满的情绪而保持勤勉进取的创业精神？

当我们置身于商业活动变幻莫测的汪洋大海时，利益动机也许可以在某个阶段或某种情形下提供足够多的创业动力，但短期的利益动机与企业长期发展之间可能存在的矛盾，以及人们对物质财富边际满足感的下降，都注定了物质动力不可能也不应该成为企业发展的主要驱动因素。此时，只有秉持坚定的精神动力，企业才能获得持续的生命力。任何一个成功的、长久的组织都是具有精神动力的组织，企业也是如此，没有精神动力的企业不可能是长久的、受人尊敬的和伟大的企业。

我深深感到，小至个人和企业的发展，大至一国经济发展，精神动力都扮演着举足轻重的作用。中国民营企业家在企业发展过程中存在着较强大的精神动力，而且随着企业家年龄的增长、企业规模的扩大和企业发展时间的延伸，民营企业家的精神动力也变得日益强烈。这种精神动力无疑是商业文明的重要因素，除推动商业自身的发展之外，还必将促进社会大文明的进步。

本书的主人公龚兆庆先生结合自己 20 年的亲身经历讲述了创业的心得感悟，其间的道理让人耳目一新。通过他的人生故事，我们看到了一个真实可感的创业家的形象，一个有血有肉，有情感的在场者的体会，作为一个长期研究企业家精神的学者，我也欣喜地看到了现实的丰富性。

从某种意义上，龚兆庆的故事可以看作是时代变迁下创业浪潮的一个缩影，中国的大地上正活跃着与之同行的一大批创业家，这个群体有着异乎寻常的生命力，有着最执着的追求，同时有着独特的生命体验，他们的经验与人生感悟对很多年轻人来说，无疑是一笔宝贵的精神财富。

我们的先辈们为了他们那一代人的理想，可以浴血沙场，奉献出自己宝贵的生命，每每读到这样的历史故事，我心中都受到深深的震撼。而当前的一代人，则有机会在市场上拼搏，既改变自己的生存状态，实现个人抱负，还满足社会的需要，创造就业机会，交纳税款，造福于社会，所付出的无非是更辛苦而已。作为新一代的创业家们，不是没有机会，而是要知道如何行动与思考。

从这个意义上说，《与你的梦想一起奔跑》这本书不仅是一个人的简单经历，书中的很多观点都经过生命的淬炼和反复的思考，如果你能静下心来对照，将在创业的道路上获得一份意外的惊喜。

前 言

与坊间那些大行其道的创业故事不同,本书所讲述的,是我20年的奋斗历程。

我的故事中没有传奇,没有秘诀,它只是试图通过本人的亲身经历,捕捉创业这种人类最特殊的活动所暗含的逻辑,思考一个创业者应该具备怎样的精神素质和行动力才能更好地把握成功。

当我还是一个懵懂的少年时,我从未想过自己有一天会选择创业。我那时最大的梦想只是拥有一辆自行车。我所成长的地方是陕西的一个不起眼的小山沟。我的创业起步资金只有2000元钱,那是母亲每天早上4点钟起床磨豆腐,一点点积攒起来的。1989年,拿着这2000元钱,我开了一家当地最新潮的服装店,后来还开过装修公司,办过读书社,卖过自行车,开过空调专卖店。

在市场经济的滩涂里摸爬滚打了整整7年之后,1996年,因为一个偶然的机会,我终于承包了一家破旧不堪、奄奄一息的县招待所餐饮部,一开始所有员工加上我只有9个人,面积不过几百平方米。8年后,我又开了当地第一家最豪华的三星级酒店,2005年,我辗转来到西安,先开了一家餐饮店,3个月内在古城掀起了一场狂飙。2006 年，我又进军西安酒店业，在这座城市的中心地段拥有了自己梦寐以求的四星级旗舰店。短短 4 年，我又在西安增开了 6 家酒店，打造了陕西酒店行业成长速度最快的一支奇兵，而在 2010 年上海世博会即将临近之际，我又信心百倍地挺进黄浦江畔，成立了上海第一家酒店，做起了引领中国精品商务酒店潮流的好梦。

创业一路走来，印象最深的不是那些短暂的成功，反而是一次次战胜困境的过程，以及度过的那些心情灰暗的日子。

记得 1996 年，我怀着满腔热情，倾我所有投身于酒店服务业，刚好赶上当地餐饮市场的一片繁荣，不经意间赚得了第一桶金。小获胜利的第二年，我乘胜追击，四处借债，投资扩大经营规模，可万万没有想到，市场说冷就冷了下来。我感到阵阵后怕，开始后悔不该进入酒店业，更不该一下子就投入这么多。

1999 年的寒冷冬天，我陷入了创业以来第一次空前的绝境，由于市场形势的突然下滑，承包的酒店连续亏损，借来的钱还没来得及泛起一丁点儿水花就陷入了亏损的巨洞，要想扭转经营局面几乎是不可能了，当时国内的很多酒店都在艰难地挣扎。我甚至想退出酒店业，却发现根本无路可退。

那时的我刚满 30 岁，虽然有干一番事业的雄心，但眼前的一切却超出了我的承受力，员工的心在往下沉，前景看起来暗淡无光。我每天对着大量的债务和比创业时多出 10 倍的员工独自发愁。

在那段时间里，我每天忙到夜里两点，躺下后还是睡不着，巨大的压力如潮水般一浪接一浪地袭来，一个哈姆雷特式的命题折磨着我：放弃吧，骑虎难下；改行吧，又没有资金和精力。

这或许就是创业者的宿命，除了向前，我别无选择。经过一段时间的迷茫与困顿，我决定去北大学习，半年的校园生活之后，是长达几个月的游历，我几乎跑遍了全国上百家酒店。我看到了国人在外资酒店里普遍受到的不平等待遇，现实又一次深深地刺痛了我，同时也让我看到了发展酒店事业的曙光。从那一刻起，我坚定地告诉自己：我要专注于我的选择，想办法为自己的酒店找到出路，不仅要打造家乡最好的酒店，而且要到西安去，甚至有一天要把酒店开遍全中国！

1996 年至今的 13 年，从陕南到西安再到上海，从家乡的 1 家店到今天遍布陕沪的 15 家店，我们经历了陕南的艰难起航，西安的市场冒险，旗舰店的跌宕起伏，又踏上了抢滩上海的决胜之旅，可以说每迈出一步都险象环生，从来没有搭顺风车的时候。从某种意义上说，不是我们有多大本事，而是最终没有选择放弃，即使在最惨的时候，我也是每天咬着牙告诉自己："坚持！坚持！一定会更好的！"说来也怪，虽然不无艰辛，但我都挺了过来，而且每渡过一次难关后反而发展得更快了。

我渐渐明白了一个简单的道理：**既然做出了选择，就要敢于出击；只有走过了，才知道路有多远。**

当后来再遇到难题时，我学会了用自己的方式去应对，我不会再感到恐惧与怀疑,如果一时找不到好的办法,就出去走一走,与同事、同行、朋友聊聊天,或陪着家人开心地玩一玩,更多的时候可以选择外出学习,在学习时享受思考的过程。真的,有时候事情往往会在你的期望中悄悄向好的方向转变。

当然,有时候也会变得更糟。当这种情况出现时,我会不断安慰自己,要接受事实,重新思考出路,并总结过去的得失。

我深深感到,成功其实是一条充满不确定因素的道路,创业是天下最艰难的事。有时候,一切顺风顺水、春风得意;而有时候却事事不顺意、人人不顺眼。但不论怎样,在经历了坎坎坷坷、千辛万难之后,我再也不曾产生过当逃兵的念头了。多次使经营起死回生之后,我的自信越来越足。

今天,我的骨子和血脉里已经有一种东西在流淌:**只要向前,困难虽比我们想象的要多,但方法比我们想到的要多得多;坚持下去,积极应对,一切会更好!**

20年的创业经验已经使我多了一份理智。当成功的焰火冉冉升起时,我所看到的,不再是美丽的烟花,我知道那是一场惊心动魄的化学反应,是自我超越的结果,是汗水与智慧的结晶。

在此之前,我从未想过写自己的故事,如果我们的历史最终值得书写的话,现在只是开了个头。只是有感于时下年轻人澎湃的创业激情,我才觉得自己的经历或许会对他们有一些价值。

我深深体会到,**创业要有理想,但切忌理想化,单靠梦想并不能使你成功,主观世界的追求离不开在客观世界中的打磨**

与历练。创业要做最坏的打算，同时要尽最大的努力，对困难估计得越多越好。

如果你有创业的冲动，想改变生活的现状，无时无刻不梦想着成功，我会发自内心地为你鼓掌。但这个世界真正能帮助你的人只有你自己，没有人能代替你激发自身的潜能，再好的琼浆摆在面前，你自己不动手取，也不过是幻影。要相信：在茫茫宇宙中，你是独一无二的，你是为使命而来的，凡事有果必有因，命运取决于自身的思想与行动。

就我个人的经验而言，创业并不是一个轻松的话题，也很难用一两句话概括其中的内涵。这个世界上没有什么比苦苦坚持更难的事情了，但生命的精彩也就在一次次突破自我极限的超越之中。要想做出一番非凡的事业，必然要训练出非凡的筋骨，每一次痛苦都是一次成长的机会，生命也会收获相应的厚度与广度。实际上，多年的创业时光已经使我学会了享受非常态的生活。

我庆幸自己生活在一个人人都渴望成功并且有机会成功的年代里，我相信一切皆有可能。

但让我有些担忧的是，现在很多年轻人一谈起"创业"这个字眼就心旌荡漾，好像成功只是指日可待的事情，他们恨不得一夜之间就重演成功者的传奇，用两三步走完先行者数十步、数百步才走完的路。

我不得不告诉你事实的另一面：你迄今为止所看到的一切成

功者,都只是阳光下浮出海面的冰山一角,并不是真相的全部;而你所津津乐道的那些成功人士的戏剧性瞬间,大多是经过媒体放大的结果。

没有人生下来就是弄潮儿,所有创业者都呛过咸涩的海水,都经历过人生的意外打击,也都有过想放弃的时候,都曾有独立无援、四面楚歌的时候。他们都是平凡的肉身。唯一不同的是,他们没有被所经受的痛苦摧毁。那些没有能消灭他们的东西,使得他们更强壮,慢慢地懂得了成长的秘密,懂得了以一种健康、积极的心态来面对人生。这也算是意外的收获吧!

在现实生活中,年轻的创业者们总是信誓旦旦地要用梦想征服世界,他们的激情与梦想让我深有同感。从他们身上,我看到了自己年轻时的影子,一个尽情奔跑在家乡小河边的少年,一个不甘为命运驱使的人。今天,我也同样拥有纯真而炽烈的梦想,但那个时候,外面的世界只存在于我的想象之中,我并不知道世界到底有多大,也不知道未来的道路上潜伏着怎样的风险。

生活后来告诉我,没有谁会一夜之间就抽中人生的彩票。如果真有这样的幸运儿,我可以负责任地告诉你,他们成功的概率就像被闪电击中某个预定的目标那样渺茫。**更多的情况是,所有的伟大都是熬出来的,甚至一开始都是不被看好和在意的。**

你想做最好的自己吗? 如果答案是肯定的,那么先把所有关于奇迹的主观臆想都抛到脑后,远离幻想,不妨以一种卑微的姿态开始前行,用一颗感恩的心与实际行动去感知成功的规律。

在激烈的竞技赛场上，我们常常会看到这样一个现象：短跑运动员在起跑的那一刻，会低下头，将全身的能量聚焦于支撑地面的十指与前脚掌之上，双臂勾勒出一道充满张力的弧线，欲张先伏的身体像是一枚渴望离弦的怒箭，这个看起来简单的起跑动作经过了千万次的练习。

创业又何尝不是如此呢？在你还没有能力奔跑之前，要先做好趴下身子苦干3年的准备。**要知道蹲下是为了更好地站起，匍匐是为了日后的疾行，只有下盘扎得越深越稳，机遇来临时的爆发力才会越强**。这注定将是一场炼狱般的考验，但多年以后你会发现，地上爬行的每一分钟都没有白费。

这里，我想与你探讨的是，如果你明天打算创业，将如何迈出创业的第一步，如何一步步接近创业的梦想，如何做事做人，如何打造自己的团队并引领他们斗志昂然地前行，如何处理个人利益与集体利益的关系，如何与陌生的环境打交道，如何树立自己的品牌。更重要的是，一个真正的创业者应该具有怎样的品质。这些问题同样是我每天都要面对和解决的。

在我看来，创业是一门可以通过学习而掌握的技能。我所从事的酒店服务行业是很多人既熟悉而又陌生的，这并不是一个日进斗金的行业，每赚一分钱，我们都必须拼尽全力，我们只能在奔跑中逐渐收获理性与成熟。幸运的是，创业的道路并不孤单，我们的酒店吸引了一群志同道合的人，当前我们的核心管理骨干有来自凯悦、喜来登、日资酒店等国际知名酒店与国内知名酒店的管理精英。我和我的战友们都坚信自己将改变一个行业的历史，我们用心书写每一个晨昏日落，我们每天都在拼命追赶，每天都在向更高更强的竞争对手学习，都在和自己较劲。

创业本身就是一个不断奔跑的过程，奔跑的意义只有在日复一日的坚持中才能慢慢显现。

30 年前，有个不谙世事的小孩在汇入汉江的一条小河边奔跑，他的祖辈世代在水边繁衍生息，靠水路打通与外面世界的联系；少年的他在更宽广的汉江边继续奔跑，慢慢长出喉结与胡须，骨骼渐渐强壮，步伐越来越大；青年的他又走出封闭的大山来到黄河边奔跑，迎来了人生的第一次收获之后，他又选择了在千里之外的黄浦江边奔跑。很多认识他的人都叫他"疯子"。

是的，那个喜欢奔跑的小孩就是我，我就是那个喜欢奔跑的"疯子"。

说句发自肺腑的话，**在中国做企业的有两种人：一种是妖人，一种是铁人。我们就是铁人。**

在我们这个时代，像我这样的人很多，我们都是怀揣梦想、脚踏实地的创业人。曾几何时，我们听到了命运的召唤，一无所有、赤手空拳地上路，以各自的方式追逐梦想，也因此品尝着人生的百般滋味。我们没有机会实现一夜暴富的传奇，在成功面前，我们没有三头六臂，缺乏灵活的身段，甚至显得有些笨拙。但我们信奉实干，崇尚行动，相信一点一滴的积累终有回报，本能地战斗到生命的最后一刻。铁人的人生同样精彩，因为他们的经历有着平常人的体温。

通过这本书,我还想告诉你:人人都有梦想的权利,但仅仅靠梦想是远远不够的,理想与现实的落差超乎你的想象,每个人的成功都有各自的机缘与道理,我们无法复制别人的成功。

我历来相信,一个人只有一种命运。当你在某一个瞬间看到了自己的命运,纵使百转千回,纵使每一铲挖下去的都是沙子,纵使付出了没有获得想象中的回报,也去做吧。因为命运最终是公平的。

创业并不神秘,它是一种行动的介入,更是生命的体验。

我并不奢望一本书可以使你创业的道路豁然开朗,就像你很难真正教会一个人该怎样跳舞一样,但它至少可以让你少走些弯路。希望能告诉你,在创业的坎坷路上,该如何扬起前进的风帆。

接下来,就请进入我的故事,让我们一起去探索创业的曲折历程吧!

第一章

带着责任感上路

万事开头难，创业尤其如此。

今天，如果有人问我创业者应该具备什么条件，我的回答是：既不是资金，也不是经验，每个创业者都是从零开始的；更不是家庭背景，那是命运的安排；而是一个简单的词汇——责任感。

我最初的创业并不是因为抱有什么远大理想，后来我才渐渐明白，一个人活在世上，首先要懂得"在乎"这两个字的含义，每个人都应该在乎自己，在乎自己的企业，在乎自己的工作。

我常常对员工讲，做人做事一切从爱开始，爱自己、爱工作、爱企业，没有爱，后面所讲的一切就都是空的。而这种基于爱所产生的责任，与我的成长经历，尤其是母亲对我的影响是分不开的。

人生的起点没有你想象的那么重要

无论如何，人的一生必须做出自己的选择，你做出了什么样的选择，什么样的生活也就选择了你。

20 世纪 60 年代的最后一年，我出生在中国陕南一个名叫蜀河的小镇，就像它的名字一样，这里并不缺水，可以说是风调雨顺、满目青山，颇有几分北国江南的味道。小镇位于秦岭与大巴山之间的一块盆地上，算是中国经济的第三世界，我人生的第一步就是从这个盆地迈出的。

我的家族并没有经商的基因，生活环境也极其封闭，高耸的大山和逼仄的河谷就是我的成长半径，这里的很多人一辈子的梦想就是能去一趟北京。20 世纪 70 年代前，我创业的地方旬阳是全国当时不通公路的三个县之一，到最近的首府所在地乘船逆流而上要 7 个小时，返程要 4 个小时，而到不过 300 公里远的西安，舟车兼行也要 17 个小时。在这样的生存环境下，人们大多过着一种传统而安定的生活。

6岁以前的记忆已经不多了，小时候印象最深的是放羊。记得有一天傍晚，我赶着一群羊回到家门口，正准备把羊牵进圈里，猛然发现院墙上蹲着一只大家伙，好像随时有可能扑下来。在偏僻的农村，一个小孩遇到狼是很危险的，我当时头皮一麻，随后，不知从哪里来的勇气，我冲着狼用尽全身力气大吼了两声，趁着狼还没反应过来，赶紧把羊一只只牵到家里的堂屋，插好门，等大人回来。

还有一次，放羊回家的路上，我看到一只狐狸嘴里正叼着我们家的鸡想溜之大吉，于是我狂追一气，边追边捡石头打，直到狐狸丢下鸡落荒而逃。我又打赢了一仗，很有成就感。

我说这些并不是为了讲述自己的艰辛，它只是沉睡着的中国的一个缩影。我想说的是，人生的起点并不重要，关键在于你做出怎样的选择，选择意味着痛苦的决定，但只要你真的想，一样可以走出上帝为你安排的沼泽地。

真正的起点是源自内心的爱，而不是任何其他外在的东西，假如没有了爱，这个世界将沦为一片心灵的荒漠。

应该说，是无言的母爱启蒙了我最初的人生观，教会了我一个人该怎样应对人生。

直到今天，我时常会想起母亲，如果偶尔在外面看到一家人与老母亲团聚的场面，我会莫名地感动，甚至想流泪。

在母亲去世一周年的时候，我曾经写过一篇题为《一碗哨子

面》的短文,以表达最深沉的思念:

我的童年是在老家农村度过的,到7岁的时候还整天在山坡上放羊。听妈妈讲,我生下来刚一个月就因居民下乡落户到了东方红五队生活,那个时候我喜欢牵着羊站在家旁边一所小学的屋檐下,好奇地听老师讲课,看小学生们读书,我梦想着有一天也能够像他们一样背着书包上学。

母亲很勤劳,经常白天忙地里,晚上忙家里。当时正赶上自然灾害,农村很穷,经常没吃的,分到的地不能养活我们一家人。在我9岁那年,父母回到了城里,母亲在一家食品加工厂磨豆腐挣钱,每天从早上7点忙到晚上9点,挣的钱只能勉强供孩子上学和家里生活。

由于经济困难,我和姐妹4个暂时都留在了农村,我们时常想念小镇上的母亲,于是每个月轮流去城里看望母亲。从农村老家到城里母亲工作的地方要走15里路,有一段山路每次都要一路小跑。不过能见到母亲,心里格外高兴。母亲每次见到我,也总是赶紧放下手中的活,在身上擦擦沾着豆浆的手,将我搂在怀里说:"路上害怕不害怕? 肚子饿不饿? 等一下妈妈给你做饭吃。"

我是家里唯一的男孩,我依稀记得有几次吃饭的时候,会悄悄发现自己碗底里的肉比姐妹们的好像多一点。

有一次,母亲忙完活后,就让我坐在灶旁,开始做饭。母亲手脚很麻利,很快就把饭做好了。母亲端给我一大碗面,我一看,是羊肉哨子面,高兴地不知怎么吃下那碗面。吃完饭后,母亲让我出去玩一会儿。我问她:"您怎么不吃?"她说:"我等会儿再吃。"等我再次回来时,看见母亲坐在灶边正端着碗菜拌汤。我依偎在母亲身边,眼泪止不住地流了下来。事后我才知道,那天母亲专门为我买了半斤羊肉做哨子面。虽然这件事情已经过去30年了,但是那碗香喷喷的哨子面依然时常浮现在眼前,令我一生难忘。

我的家庭条件虽然不好,但一直过着自食其力的生活。母亲是个乐观通达的人,我始终为她感到自豪。现在回想起来,正是母亲对孩子的爱,正是这种人间最温暖的至爱,不经意间点亮了我幼小的心灵。这种爱是我们终其一生也无法回馈的,因此,"感恩"后来成了我们企业最核心的价值观之一。

商业本质上是一场利益的博弈,在具体的合作中,我可以理解对方的一切行为,唯独不能容忍不懂得孝顺父母的人,也本能地拒绝与这种人打交道。因为在我看来,美德与利益根本就不是可以放在同一个天平上衡量的。我也发现一个有意思的现象:**大凡成功的人往往也是最懂得感恩的人。**

你也许跟我一样,出生在一个经济并不宽裕的家庭,但请多一点理解你的父母,多一点体谅父母的内心情感,他们只是因为没有赶上好时代,不能像我们这样有选择的空间与自由。他们的人生同样是一本厚厚的书，很多曲折的细节或许你不会听到，但每一页都值得我们用心去品味。

所以，请不要抱怨你的家庭背景，不是每个人都能抽到理想中的"卵巢彩票"，命运的绝对公平是不存在的，要接受现实，然后想法去改变它，抱怨只会改变你应对人生的思维方式，只会扭曲你的心灵。

我们的父辈们可能一生都没有个人创业的机会，甚至因为有这个想法而遭到环境的打击，只能按照时代的逻辑生存。他们不是没有才华，只是由于种种原因只能默默接受时代的安排。比起他们，我们这一代人，乃至下一代人，已经幸运得多了。我们这代人承接了一个国家和民族崛起的所给予馈赠。这个时代的真谛是，每个人都可以自主人生，机会对每个人都是平等的。

对别人负责就是对自己负责

让我们渐渐回到内心的原点，静静地思考一下我们为什么要创业，我相信每个人都有自己的答案。

创业者最初的动机都是为了解决自己的人生难题，我也不例外。我之所以会选择创业，一开始就是为了解脱母亲的劳苦，让母亲过上幸福的生活。创业对我而言，与其说是为了追求人生的享受，毋宁说是一种原始的责任感。为了一个小小的心愿，我必须选择不同的人生道路，必须意识到自己是个男子汉。

记得 10 岁那年，我和姐姐、妹妹欢天喜地地回到了母亲身边，从此终于可以与母亲朝夕相处了。但城里的生活并没有像我想象的那样，我们一家 6 口人寄居在镇上临时安排的返城居民点，没有自己的房子，所有人都住通铺。我们过着那个年代所特有的群居生活，没有独立空间，也没有任何隐私可言。

母亲很快感到这样下去不是办法，孩子们每天都在长大，迫

9

切需要一个稳定的环境，于是她悄悄辞去了镇上食品厂的工作，租了临街一间不到 60 平方米的小屋开始卖豆腐，当上了谁也看不起的个体户。就这样，我们全家搬进了新屋。母亲用自己瘦弱的身躯给全家人带来了生活的希望。我记得母亲常常说："孩子，你长大了要好好念书，将来别像你妈。"

母亲文化程度不高，沉默少语，只知道埋头干活，但她总是给我们带来惊喜。在我成长的岁月里，可以毫不夸张地说，母亲几乎是全家唯一的经济支柱，尽管卖豆腐赚得很少，但日积月累下来还是足以维持全家生活，甚至过得不错，孩子们都没有受过穷，我们的童年仍然充满了欢声笑语。

当时一放学回家，我就喜欢往母亲干活的灶房里钻，劈柴、挑水，帮着推磨、打下手，看着一粒粒黄豆慢慢变成细末，变成黏稠的豆浆，看着母亲像变戏法一样做出一块块厚实而松嫩的豆腐，心里甭提有多高兴了。小小的磨房就是我的第二课堂，在那里我一次次体验着劳动的价值。

但一种忧虑很快就袭上了我的心头。半夜醒来，我常常看见母亲低头坐在昏黄的灯影里，开始独自烧火，煮黄豆，为第二天的生意做准备，那正是全家人睡得最香的时候。我记得母亲时常坐在灶前的柴捆上不知不觉地睡着了。每天早上 9 点，当镇上的人开始迎来新的一天时，已经操劳了 5 个小时的母亲又忙着开张了。她的脸上总是带着善解人意的微笑，帮助照看熟人临时寄存的东西。

那时的我还无法更深地体会母亲究竟承担了些什么，在她坚强的笑容中好像看不到什么是难事。但有时候也会有紧急情况发生。

母亲最担心的是磨豆腐的机器出问题，每每出了故障，母亲不得不连夜奔走，到处求人维修，好话说了一箩筐，才有人来帮上一手。更让我印象深刻的是，不知什么原因，母亲经常感到天旋地转，有时晕倒在灶房里，有时会晕倒在街上的厕所里。

母亲的每一次晕倒对我们来说都是一次灾难。有时候被邻居发现了，我赶忙背起母亲往附近的镇医院飞奔。记得一个冬天的半夜时分，昏暗的医院里空荡荡的，满头大汗的我发了疯似地大声喊："医生，医生在哪里，请救救我的母亲！"当睡眼惺忪的医生终于出现时，我就像见了上帝一样，两眼直放光，我知道母亲有救了，激动得说不出话来，然后一刻不停地守候在母亲身边，直到她微笑着醒过来。

也正是从那个时候起，我发誓长大后一定要当一名医生。

母亲就这样日复一日、年复一年地磨着豆腐，甚至后来我开始自主创业的时候也没有中断，她是个闲不下来的人。当然，我的医生梦最终没有实现，生活使我走上了另一条更惊险莫测的道路。但一种模模糊糊的责任感从那时就被激发了，我对自己说，以后要让母亲过上好生活，不能让她老人家再为我们受苦了。每天上学的时候，我都琢磨着怎么赚点小钱，尽量减轻家庭的生活负担。

我必须做点什么，我已渐渐长大，知道自己的肩膀应该早早扛起人生的重担，而这一切都是值得的。

母亲很少对孩子们讲大道理，但我感觉得到，她对我有一种莫名的期待，她用自己的方式呵护着我们的成长，日后无论我做什么，母亲都会毫不犹豫地支持我、鼓励我，她相信我一定能做好！

实际上，我在不知不觉中从母亲的善良与勤劳中懂得了很多做人的道理。在以后的创业生涯中，每当遇到难题或是心情不平静的时候，我就会想如果是母亲会怎么做，我想这也是母亲所期望的。

按照中国传统的价值观，一个人终其一生的忙碌并不仅仅是为了自己，更多地是为了别人而活着。一开始是为自己活，为家人活，为亲戚朋友，后来是为了身边的团队，再后来是为了更多的人，也就是人们常说的社会责任。随着责任感的升华，创业者的发展空间才会越来越大。

我相信一句话：一个人的责任感有多强，脚下的路才能走多远。

商业不是一种纯粹以私利为目的的行为。强烈的个人动机固然不可或缺，但如果无视他人的感受，不能带给他人以切身的价值，即使获得了一时的成果，这样的创业也注定将是无法长久的。

别忘了因为什么而出发

少年时代永远都是人的一生中最快乐的时光,也是一个人的性格逐渐成型的关键时期。那时候我们种下了什么种子,未来就会开出怎样的花朵,而无论怎样艰辛的生活,日后回忆起来总是甜蜜的。

所以年轻的朋友,请珍惜少年时光的记忆吧,并用自己的行动加倍地去证明内心中一切美好的东西。

幸运的是,我很快发现了赚钱的小门道。我生活的小镇在历史上曾经是河边一个繁忙的码头,素有"小汉口"之称,一湾连接汉江的清水孕育了这里特有的商业文明。南来北往的船只每天运载着各种物资不停地靠岸、离岸、卸货、装货,有一天我突然明白那就是我挣钱的新大陆。

那时候,我和小伙伴们常常放学后在河边玩耍。每天上学和放学,沿河的小路就成了我的淘金旅途。我留意哪里有船只刚刚靠岸,哪里有人头攒动,哪里有建筑工地正在施工,一有风吹草动,就赶快跑到河边背着扁担去当搬运工,搬砖、挑沙、挑柴,有什么机会就干什么。可以说,我身体的底子就是那时候练就的,一开始年纪小,我只能挑几十块砖,到后来我能背两袋水泥,200斤重的货物压到身上并不觉得吃力。

收入是立竿见影的。到达目的地后,接收货物的人会按照距离的远近核算,挑100斤的东西可以挣两分钱到八分钱不等。每当我看到自己的劳动果实放在秤上,听到记录员轻轻地说一声"过"的时候,心里像吃了蜜一样。虽然一次只有几分钱,但它是可以用来买学习用品的。

一直到初中毕业前,每到假期我就围着河边转悠,随时准备投入到挑运的人群中去。

看着积攒的钱一天天在变多,我的胃口渐渐大了起来,满脑子想着怎样才能更多更快地赚钱。

一次,我和几个小伙伴弄来一辆拖拉机,拉着整车沙子向正在建设的工地驶去。也许是高兴得有些过头了,拖拉机过桥的时候突然不情愿地发怒了,一瞬间,车头不知怎的已经歪歪扭扭地悬在桥边的半空中,幸好因为车身沉重才没一头栽进河里去,我们都惊出了一身冷汗,后来靠大人帮忙才逃过一劫。那时候,我们还没有意识到财富对人生究竟意味着什么,只觉得赚钱是一件蛮快乐的事情。

年幼的我从一枚枚叮当响的硬币中听到了快乐。从赚到第一笔收入起,我暗自决定从此不要家里的一分钱,学费自己解决,母亲给钱我也不要。到了冬天我只穿一条单裤,也不觉得冷。

有几次,我也会跟着父亲去冒险,到附近湖北省的十堰市去卖货。天还没亮,我和父亲就坐上火车出发了,到了这座城市后,父亲领着我挑着家乡的小鱼或是樱桃沿街叫卖,父亲收钱,我帮着照看摊子,俨然是一个称职的小货郎。出门在外每一步都不容易,当地人欺生,有时候会哄抢货物,也有人浑水摸鱼。为了保住胜利果实,我总是眼睛不眨地留意着每一个可疑的人,忙活了一天父亲和我乘最后一班火车回到家时,天已经很黑了,肚子早已饿得咕咕叫。然而一进家门,母亲就会端上一碗热气腾腾的菜豆腐。

整天磨豆腐的母亲清楚地知道我每天上下学的路上都在干些什么,但她从未因为心疼而劝阻我,因为这些对我来说也是力所能及的事情。

有时候我也会向母亲开口,满足自己的愿望。那时候我很想要一辆自行车,记得邻居家的孩子就有一辆,是那种型号28的永久牌。每到傍晚,孩子们排着长队轮流溜上一阵,我也是其中的一员,可常常是刚要轮到我的时候游戏就结束了,只好懊丧着回家。终于有一天,我怀着忐忑不安的心情向母亲说出了自己的愿望,令我感到意外的是,母亲没多考虑就塞给我100元钱,这在当时几乎是一个天文数字,但母亲不忍心让自己的孩子失望。

我兴奋地拉着姐姐赶往城里,谁知到商店门口一看,一辆同样的自行车要 130 元,希望落空了。我做出了一个大胆的决定:既然自行车买不成,就跑到新华书店买了一堆厚厚的书回来,记得还有一摞紫红色硬皮封面的马克思恩格斯、列宁全集,其实根本看不懂,但母亲并没有责怪我。

我讲这些并不是为了简单地讲述我的过去,我还没有到怀旧的年龄,只是想说明一个朴素的道理:**无论你因为什么而选择创业,都应该守护好心中的动力之源,守护好那些生命中最本真的情感,无论何时,它都应该是照亮我们前行的火把。**

在很多人看来,创业的动机无非是为了发财致富,我也不否认自己一开始创业的动机很单纯,就是为了赚钱,不赚钱生活就没有希望,没有奔头。赚钱的背后是为了改变生活现状,每个人都有凭自己的双手获取幸福的权利,要让自己幸福,更要让身边的人也因你而幸福,那将是一件多么值得自豪的事情呀!

如果只是为了挣钱而挣钱,你的人生将渐渐失去意义,当你逐渐偏离目标时,迟早会对创业感到厌倦。正如黎巴嫩诗人纪伯伦所说的:"我们已经走得太远,以至于忘记了为什么而出发。"

我们要树立正确的财富观,避免被金钱所奴役。否则,积累的财富越多,离人生的意义也将越来越远。有时候,你获得很多,却可能再也找不到快乐,只是把自己变成了一架挣钱的机器。

做自己人生的主角

平心而论，每个人的潜意识里都有主宰自己命运的念头，谁都想把握命运的风帆乘风破浪，但在环境的打磨下，我们渐渐失去了棱角，有人终于放弃了努力，开始随波逐流，认命了。

在成长之路的某一个分水岭上，人们会驶向截然相反的命运，没有机会的人会赢来机会，拥有机会的人却会错过机会。这种现象说明，你当时所做的选择、采取的行动，在很大程度上将决定你的一生。为什么有人能从岩石的夹缝中长成一株乔木，而有的人却只能是一株灌木，或是不起眼的小草？

上天赋予每个人的能量相差无几，关键在于你的自我认知。

我的自我认知也是随着成长而逐渐形成的，虽然心里想减轻母亲的负担，但除了挣一点零花钱外，我并不知道自己长大了要干什么。那个时候还没有清晰的目标，有的只是青春的迷惘与躁动。

我的人生视野没有超过几十公里远的县城，在当时的我看来，能到县城找一份固定收入的工作已经是很满足了。我并不想逃离学校,事实上我的学习成绩在班上一直名列前茅,虽有一次下滑,但第二年又重新赶了回来。

但我有自己的焦虑,初中毕业前的一天,我听说县上的印刷厂正在招工,于是就自作主张悄悄报了名。

以我的条件当工人并不太难,我有文化基础,身强力壮,且有使不完的劲儿。我梦想着从此可以独立生活,既能给家庭带来收入,又能到县城去开开眼界。就在我满心以为大功告成的时候,突然有一天,班主任杨菊彩老师来到我的身边,她一番语重心长的话彻底改写了我的人生。

我不是一个会轻易改变自己决定的人,就业的想法也不是一时的冲动,我有一万个理由证明自己的选择是对的,但杨老师似乎已经决心亲自来裁决一个少年的未来。她认为我是学习的好苗子,当工人无异于自毁前程,她用自己的经历告诉我读书对一个人的未来意味着什么,如果就此放弃将后悔终生。

事隔多年我才知道,当时杨老师听说我报名的消息后,心急如焚,辗转通过个人关系给县里主管招工的领导打电话,详细说明了我的情况,并执意把我的名字从备选的名单上撤了下来。不仅如此,为了引导我走上一条人生的康庄大道,在临初中毕业的日子里,杨老师特意把我安排到她自己家里吃住,一方面让我安心备考,另一方面也算是最后的监管与照顾。

如今,杨老师已经退休了,和老伴一起过着平淡而简朴的生活。每次回到家乡,只要有时间我都想去看望她老人家。教师节对我来说更是有着特殊的意义，由此我对教育也有着一份难舍的情结。每当和杨老师一起回首这段小插曲时，杨老师总是淡淡一笑，她认为自己不过是做了一个老师应该做的事情，并不是对我有什么特殊照顾，换成其他孩子她也同样会这样做的。

在我们人生的道路上，像杨老师这样的人你总会碰到几个，我们应该永远在自己的心中为他们保留着一份应有的位置，要知道，也许只是他们一句不经意的鼓励与赞美，都有可能改变我们的人生。

杨老师的苦心没有白费，我顺利考上了宝鸡中医专科学校，成了一名在当时不无荣耀的中专生。临行前，母亲为我装好了满满一袋家乡的花生，这是我第一次出远门，第一次到大城市去。未来仍是一片空白，我只是向前迈进了一步，仍无法确定以后该干什么，只觉得新的人生开始了。

3年后，我从制药专业学习毕业了，如愿以偿地得到了县医院的一份工作，也算是真正走向了社会。我并没有很强烈的出人头地的愿望，尽管也不甘于寂寞，但如果不是生活环境的突然变化，我可能现在是一名称职的药剂师，每天穿着白大褂，过着一种让县城普通人多少有些羡慕的生活。但我不得不承认，有时候我们的人生无法按照自己设计好的轨道前行，一种不可知的力量会一夜之间把你推到危险的半空，是顺其自然地跌落，还是乘势抓住悬崖中的一根树枝，爬上山峰，就全看你自己的了。

中专毕业到县医院工作的2个月后，有一天吃饭的时候，我发觉母亲吞咽饭食有些困难,于是让母亲去检查一下,母亲推说没事,也许是累的,休息休息就好了。可厄运很快就来了,经医院检查,母亲患了食道癌,必须抓紧救治。这个消息对我来说简直是晴空霹雳,我刚刚工作,母亲还没有享上儿子一天福,就得了可怕的癌症,生活中有什么比这个更残酷呢?

当地无法治好母亲的病,我向单位借了 2000 元钱,把母亲送到西安最好的医院。幸好母亲的病没有恶化,后来痊愈了,只是母亲的身体从此虚弱了。整个治疗过程总共花了三四千元,但为了还借款,我每月领到手的工资只有 50 元。生活的酸苦再次涌上了我的心头,我意识到,按部就班的日子已经不属于我了。

50 元显然不能满足一个单身汉生活的需求,这些钱除了吃饭所剩无几,看着工资条上那严重缩水的数目,工作本身的意义对我而言发生了微妙的变化。我如果连自己的生活都不能过好,又怎能兼顾家庭,替母亲分忧?生活的无奈迫使我必须有所行动,体内的能量再一次被激发出来。

回首那段岁月,实际上它是促使我后来创业的起点,**当人生突然驶入狭窄的低谷时,你必须想办法换个活法,否则会被压得喘不过气来。** 那时候我并没有创业的概念,也不知道自己有多大能耐,从根本上说,我是在环境中被动创业的,我没有任何商业经验,只是别无选择罢了。我要还债,我不能让母亲再为我的生活担心,她肩负了几十年的担子,已轮到我来挑的时候了。

20 世纪 80 年代末,当我开始在市场经济的浅滩里嬉水的时候,更多的是一种自我生存的本能,我还无法想象未来将迎来怎样的人生,它还是个谜,宛似一团迷雾,弥漫于脚下的每一步。

那个年代,在我所处的小县城里,人们刚从传统计划经济的篱笆墙里探出头来,挣点外快并不是件很容易的事情。很多人连想都不敢想,即使有人敢做,一开始的层次也很低。但我和同时代的一小部分人一样,开始不自觉地"赶小海"了,虽然只能捡些"小鱼小虾",但我们毕竟壮着胆子出发了。

从某种意义上,我们这一代人并不具有创业的天赋,也没有今天的商业环境,机会屈指可数,是生活首先改变了我们,而不是我们改变了生活。也许是生于 60 年代的关系,我们成长于一个古老国家转型前的隐隐阵痛期,刚好对生活有着强烈的诉求与渴望,对未来也不无憧憬。随着一个张扬个性的时代的到来,我们不经意地站在这个时代的门槛上。

我还是那个放学路上淘金的孩子吗?我还是那个喜欢依偎在母亲身边的孩子吗?记得小时候的一天夜里,家旁边的爆竹厂发生了火灾,伴随着阵阵巨响,火花映红了漆黑的夜空,当人们赶来时,爆竹厂门外的马路上已经排列起覆盖着白布的尸体。不知为什么,我并没有感到恐惧,我守候在一旁,不断提醒来人不要因为误踩而吓坏了自己,没有人告诉我要这样做,当时我不过是个孩子。

如今我已 20 岁了,到了自己赚人生的年龄,面对未知的海洋,我只有划着小舢板去捕捞自己的前程。

这就是我从童年到少年的一些片段,我不想占用读者太多的时间,也不想穷尽记忆的隧道,其过程本身没什么波澜跌宕之处,但它毕竟是真实的,是一个承载着母爱的小孩试着挣脱命运的过程。

我开始撒网了,我不知道自己能收获什么,也许要靠几分运气,至于结果,实在没办法期望得太多。

正如《阿甘正传》里一句著名的台词:"生活就像一盒巧克力,你永远不知道你会得到什么。"

或许真正值得我们思考的是,智商远远低于常人的阿甘为什么能获得充实的人生。仔细琢磨,你会发现背后的奥秘,无论阿甘后来做什么,都保留着成长时期形成的价值观,正是那些美好的东西无形中塑造了他的奋斗历程,正是这一点,才使阿甘奇迹般地完成了自我的实现。

人生就像等待一列从远方驶来的火车,我们无法确定它什么时候经过自己的家乡,只是觉得它有朝一日会来。很多人也许担心自己的处境,担心起点只是一个不起眼的小站,但这些都不要紧。**在你无力改变现实之前,只有从改变自己做起,要相信你的幸福号列车一定会来。**

我们可以两手空空地上路,但必须武装好自己的心灵。在你踏上列车的那一刻,请别抛弃了自己内心的声音,无论列车行使到哪里,都要呵护好心中的那盏灯火,别被风雨吹灭。你至少可以做一个有责任感的人,责任感天然地属于每一个人,因为这种责任感,你将拥有力量,也终将赢得命运的青睐。

别人给予的,我要加倍地奉还。

第二章

行动比思想更重要

如何走向成功？我的体会是，成功首先是一个动词，意味着行动，而不是思想，百思不如一做。

人们想象中的创业一般是这样的：一个天才的想法，一份美妙的商业计划，然后演绎了一段完美的商业传奇。我以前也是这样认为的。但事实上，所有的商业故事都是由一连串的机会与冒险组成的，没有机会，任何故事都不会发生，而如果没有冒险，机会也不会变成现实。

你也许有一个出色的想法，但其实你怎么想的并不重要，而是要敢于去做；也许你觉得时机还不够成熟，但多年的经验告诉我，先上路，再找路，迅速反应，立即行动，是最聪明的选择。

你想成就自我吗？请立即行动！创业是一个渐进的过程，我们无法一出发就打破人生的坚冰，道路只有在具体的突破中才能逐渐明晰轨迹。在我20年的创业生涯中，整整7年是在市场里冲浪，做过很多与现在从事的酒店行业不相关的事情，但当时的一小步，却可能是后来的一大步。

既然想到了，为什么不去做

做任何事情迈出第一步总是最难的，对于一个创业者来说，你无法从出发伊始就明晰自己的道路，仿佛是上天的安排，在你遇到决定付诸一生的事业之前，命运只垂青敢于尝试的人。

每当我回忆起早期创业的 7 年，心里总莫名地翻滚着一股热浪。那是辛勤打拼而默默无闻的 7 年，是为了生存而磨炼羽翼的 7 年，是没有积累下多少个人财富的 7 年，却也是我一生中最难忘而快意的 7 年。它就像一首青春的旋律，时而清新，时而激昂，时而顿挫，时而奔放。

说实话，我当年创业的想法并不是苦思冥想的结果，而是自然而然地形成的。一方面，生活的窘迫催生了做事的想法；另一方面，我无法忍受整天穿着白大褂坐在医院药房里用两根手指捏着药匙调剂药品的日子，那是一种一眼就可以望到头的日子，一种缺乏想象的日子。

1989 年，为了改善生活，住在镇里的母亲除了继续磨豆腐，在家对面又开了一家不起眼的食杂店，每天光顾的客人就是那几张屈指可数的熟面孔，即使这样，小店也每天都营业到深夜时分，有时候明明知道再没有人上门了，但还是抱着一丝微弱的希望，期盼着最后一个顾客的到来。

每次从县医院回家看望母亲，我都会陪母亲在店里坐一会儿，聊聊天，问问生意的情况。记得母亲曾高兴地告诉我，香烟最挣钱，一包可以赚一两毛钱，但就是进货难，常常供不应求，量不大。听到这个信息后，我头脑里马上闪出了一个想法，为什么自己不琢磨琢磨香烟生意呢？这个极其简单的想法就是我最初创业实践的起点，现在看来，它是那么的微不足道。

在我们生活的那个年代，普通人要做点生意的难度超乎今人的想象。到今天为止，个人贩卖香烟仍然是违法的事情。但当我嗅到一丝商业的味道，就情不自禁地浑身发热，非要折腾出个名堂来。在我后来的商业生涯中，或许有一点与众不同的是，我做事情从没想过失败，风险有多大，成功的可能就有多大。创业本身就是冒险家的乐园，是一场挑战旧规则的游戏。

我很快打听到一位在铁路上工作的邻居有流通香烟的渠道，于是就按图索骥般地制订好了自己的路线图，找到专门从事香烟批发的铁路商店，开始三五箱地吃进，然后再回到县里逐个门店地推销。事情进展出乎意料地顺利，几乎没费什么力气我的收入就远远超过了月工资。

但其实真正的难度在于维护好商业关系，贩烟使我懂得了，一个看似简单的商业活动，同样离不开别人的帮助，同时你不能拿自己的诚信开玩笑，要意识到为自己的行为买单。

当时最难的是如何获取启动资金，进货需要钱，而我一无所有，怎么办呢？我发现医院的收费室每天都有进账，周六、周日的现金隔日才会入库，正是这个时间差使我看到了希望，这是我唯一可以利用的资源。为了早日还清欠单位的债，我必须跟这个部门的人混熟。条件成熟后，我试着说出了自己的想法，有意思的是，我很快获得了大家的同情与支持，资金的问题解决了。

这里要说的是，**有的人天生胆大，有的人生性内向，但这并不意味着内向的人就做不成生意，关键在于当你有了想法，要找到适合的场合表达出来，被人拒绝是最不应该在意的事情。**

事实上，最初的创业都是在环境的一次次拒绝中开始的，我发现被拒绝的次数越多，成功的机会也就越大。

就这样，我拿着借来的2000元钱开始了自己第一次贩烟的买卖。为了减少风险，我会提前调查好县上各个零售店的需求量，然后把进来的货悄悄存放在朋友的宿舍里，让商家自己来取货。在铁路商店，我也成了受欢迎的人，因为我的进货量虽然不大，但细水长流，积少成多。

那时候贩烟简直就像玩儿一样，我就像一个游弋于商业缝隙间的精灵，哼着小调跳着自己的舞步。有时候你还要会捉迷藏，在往返铁路商店与县城的长途汽车上，我用皱皱巴巴的蛇皮袋做好了一切必要的伪装，没人会想到，在一摞蔬菜下面，掩藏着一个年轻人生财的秘密。

现在回想起来自己都觉得有些好笑，那时候我的财富积累是以百元为单位的，每周进一次货，每次赚不到 200 元钱，一个月的收入竟也超过了工资的六七倍，那还是一种很初级的资源整合。真正让我印象深刻的，是每次卖完货必须第一时间还上前一天晚上借来的周转金，一旦出了问题后果不堪设想，因为这一次闪失就会牵连到其他人，我的小生计也就没戏了。

这样的借款一开始是 2000 元钱，到后来一次借到 7000 元，记得有一次还款真的慢了一拍，当我火急火燎地还钱时，才知道同事已经悄悄替我垫上了。说到这里不禁想起一个小故事：从推销员起家后来创立 IBM 公司的美国商业巨人老沃森，年轻时常奔波于各个城市的铁路之间，每次在列车上，老沃森都会主动给列车上的服务生一点小费，跟着他的儿子好奇地问这是为什么，老沃森笑着说，我们必须对任何帮助你的人好一点，因为他们的嘴巴可以给你带来好名声。

这就是人们常说的口碑与诚信，**一个人最大的资产是口碑，而它要靠平时的一点一滴去积累。**

对创业者来说，你不可能一夜之间就砸出个红彤彤的新世界，要想获得别人的帮助，就必须时刻注意自己的一言一行，用言行塑造自己在环境中的形象，这一点比赚钱更重要。

在约莫一年的香烟批发生意中，我对自己的商业能力有了进一步的认知，没过多久就还清了单位的欠款，日子开始过得有滋有味。那时候也没有理财的意识，钱来得快，去得也快，隔三差五就吆喝着朋友下馆子撮一顿，香烟作为一种战利品更是随手分发。我就满足在这样的成就感之中。如果我的故事到此为止，那么贩烟不过是人生的一个可有可无的小插曲，一段聊以助兴的谈资而已。但生活的奇妙就在于，通过这段业余创业的经历，我毕竟上路了，它就像一个神奇的按钮，悄悄为我开启了一扇通往未知世界的大门，顺着漏进来的一缕光线，我的世界开始变了。

从此以后，除了创业，我再也没有从事过别的行当，更有意思的是，人生之路也就此徐徐拉开帷幕。

麻烦最终出现了。渐渐地我的名气大了起来，很多小贩知道了我的身份，常常直接跑到医院指名道姓地找我，单位里都知道药房里有个姓龚的年轻人是个贩烟的家伙，看我的目光也掺杂了某种异样的感觉。贩烟毕竟不是一件光明正大的事情，我开始意识到这不是长久之计，于是萌生了找一份稳定生意的想法，可对一个每天朝九晚五的医生来说，我又能做些什么呢？

此刻，我的人生已处于一个微妙的分岔路上，摆在面前的只有两种选择，要么向后退求安稳，要么向前进求发展，向后退无可厚非，照样可以过得不错，而向前走又会遇到什么呢？或许人生的妙趣就在于走向一个个不确定性的领域，天生的好奇心引领着我走向未知的探险之旅。

我知道自己喜欢做生意的感觉，那种成就感是其他生活方式无法带来的,也是墨守成规的人所无法体会的。正是这种发自内心的热爱一直支撑着我的前行,赋予我后来克服种种困难的力量。

今天我越来越强烈地感觉到,我们有幸生活在一个伟大的国家,有幸适逢一个伟大的时代。它赋予每个凡人以神奇的力量,只有在这个特定的时空,我们才有可能完成祖辈做梦也不敢想的事情,这是我们的荣幸,也是我们的使命。比起这种责任与使命,前进道路上的一切艰难险阻又算得了什么呢?

一旦我选择了创业,实际上也就走上了一条充满刺激与挑战的不归路,重要的是要懂得对自己负责,对自己的生活负责。人来到这个世界上,不过匆匆数十载,有谁甘愿虚度一生呢?

每个人都有权利,更有义务决定自己的人生。

记得夜色时分,我独自徘徊在灯火阑珊的县城街头,不知道自己该干些什么,总之贩烟的生意不能再干下去了。上帝没有给我任何启示,但我知道自己不能放弃寻找,我留意着哪家店的生意最好。当我路过一家人们常去的服装店的时候,看着顾客满足的样子,我仿佛突然被什么击中了。我相信自己可以做得更好,我甚至想好了自己这家时装店的名字——青年商店。

我一口气跑回家对母亲说了自己的想法,租一家临街的店面需要 2000 元钱,而我挣的钱都花光了,进货同样需要一笔资金。母亲静静地听完后,放下手中的活计,转身到房间里的各个角落转了一圈,过了一会儿,母亲提着一个布袋子递到我面前,慢慢打开来,一个个大小不一的纸包里包裹着一叠叠捆好的零钞,母亲对我说,"孩子啊,妈这些年就挣了这点钱,帮不了你太多,你拿去用吧",望着灯光下那一捆捆沾满油渍的零钞,不知为什么,我的鼻子突然有些发酸。

很多年过去了,那一刻的情景时常会在我的脑海中闪现,每次出现,我的泪水就止不住流淌。

我当时并没有想到,一家小小的服装店将成为我真正打拼的开始,它将让我初尝创业的各种辛酸与甘甜,也将促使我在 20 世纪 90 年代初断然砸掉铁饭碗,向崭新的人生迈出坚实的一步。

除了一腔热情,那时的我仍然一无所有,但如果你一旦押上了青春的全部赌注,整个世界都会为你让路。事情就这么简单,任何创业都是从付出开始的,付出永远都是创业的第一法则。

我想要告诉你的是,在你还没有足够的能力规划自己的人生之前,需要的其实是勇气。别把希望寄托于一时的幻想之中,人生就像一场没有尽头的攀越,认准了就去做,每迈出一步,都会有不同的风景等着你去享受,但如果你只是坐着筹划未来,机会就会白白地从身边流失。

创业者的一个共同特征是:他们都是彻头彻尾的行动主义者,都是实践的信徒。为了争取人生的主动,一个具体的行动胜过一千打纲领,做好一件具体的事情,胜过一万句动人的口号。

你想到了吗?如果想到了,就去做吧。不要犹豫,也不要徘徊,否则失败会将你吞噬。

人生最大的资本不是年轻

　　人在不同的年龄应该做不同的事情,创业要趁早,无论何种方式的实践,都会为你积累宝贵的商业经验。事实上,有人比你成功,通常并不是因为过人的天赋,而是他更勤奋、更努力,投身商海的时间更早。你能想象今天的互联网巨人马云当年也卖过小商品,开过翻译社吗?

　　我要忠告年轻人的是:**任何事情只有做一次的机会,要做就做要到最好,**至少我是这样过来的。

　　20 世纪 80 年代末我开服装商店的时候,很多人,包括我的母亲与家人并不看好,他们的担忧是有理由的。我选择开店的地方当时还是一片新城区,几乎没有任何生活配套设施,门前是一片绿油油的菜地,人们还无法想象搬离老城生活,实事求是地说,那的确是一个没有人气的地方。

　　但到了今天,我当年开店的地方已经成了县城里最热闹的地方,旧时的景象已经被人们抛到脑后了。

我并不是有什么超前的远见,更多的只是一种商业直觉的判断,当时我已看到城市发展的趋势,我工作的医院就在新城,还有一些单位正打算搬过来,所以,从选址上讲其实没有任何风险可言。

这些年,随着事业的扩大,我们的酒店餐饮在西安深深扎下了根,一个有意思的现象是,每当我决定开一家店的时候,周围的人也大多不看好,但事实总是证明我不过是提前走了一步。

开一家店面,摆几件衣服,坐在店里等着顾客登门,似乎是很简单的事情,但凡事只有自己真正去做了才会知道多么艰辛。我生肖属鸡,按传统的说法一辈子是受苦的命,或许是命运真的在和我开玩笑,无论我做服装还是今天的酒店餐饮,都是竞争异常残酷的行业,必须下死力气才能成功,别人睡觉的时候正是你拼命工作的时候,除此之外我还真不知道有什么捷径可走。

开店还颇费了一番周折。我手里只有向母亲拿来的 2000 元钱,仅够交一年的房租,于是我想办法说服房东缓交半个月,房东好不容易答应后,我把家里小卖店的货架一股脑儿地搬了过来,跟朋友跑到山里砍来竹子自己做衣架,一副要大干一场的样子,毕竟这是我的事业起步。

当我满怀信心地挂上青年商店招牌的时候,我幻想着,它应该成为全县年轻人买衣服的首选之地,只有这里才能告诉人们什么是时尚,它就像一个万花筒,能够满足人们对生活的丰富想象。

这就意味着我必须跋山涉水去外面的世界进货,而且进来的衣服要始终引领青年人穿戴的潮流。

由于种种原因,当时的我还没有辞去工作,只能常常请假,以最快的速度去进货。幸运的是,我不是一个人在打拼,姐姐帮我打理店面,也有好朋友和我一起外出采购,他们都是我事业中不可或缺的伙伴,青春时的友谊至今让人难忘,他们都是值得我一生感激的人。

记得最早去的地方是大名鼎鼎的武汉汉正街。在那个物质短缺的年代,汉正街简直是购物的天堂,每一个去淘金的人都不会失望,只要你能顺利抵达,安全回家,胜利就属于你了。

在我的记忆中,每一次外出进货的场景还历历在目,宛如发生在昨天。我和朋友乘晚上9点多的火车奔向武汉,由于是路过站,上车后肯定没有座位,满满一车人像沙丁鱼罐头一样你挨着我,我挤着你,上厕所比登天还难,所以我只有老老实实地站着,忍受令人窒息的空气,渴了也不喝水。有一次,我和朋友返程时,汹涌的人流把我俩挤在车厢的两头,只有从人头上爬过去才能相聚。有时候为了挤上车,你必须发挥身强力壮的优势,善于从车窗而不是车门钻上钻下。

出门在外最担心的是安全,穿梭在一群陌生人之间,我们必须以十二分的警惕保管好钱财。临行前,我们把一叠叠钞票小心翼翼地缝进一个狭长的布袋里,然后系在腰上,再穿上外衣,使别人看不出来,有时候也会把钱绑在腿上,垫在鞋底,总之人体一切可以利用的地方都不放过。不过有些尴尬的是,当看好货要付钱的时候,我们只得小跑到附近的厕所宽衣解带,付钱很不方便。

每次进货都是一次急行军,经过 12 个小时的颠簸,到武汉的时候天已大亮,下车后我们第一时间找个汉正街的小旅店,只是为了存放货物方便;必须赶当天下午两三点的车返回,没有吃饭的时间,饿了就在街头要一份炒粉、热干面。两三个小时急急忙忙进完货后,要想尽一切办法把货物扔上车,大包小包在货架上见缝插针,在接下来的 12 个小时,还必须眼睛不眨地盯着每一件货物,以防被人顺手牵羊,有一次为了捍卫自己的领地,也为了壮胆,朋友手里还端着一把明晃晃的菜刀。

今天的年轻人已无法想象 20 世纪 80 年代出门的惊险程度,但其实再苦再累,每一次倒也是有惊无险。那时候的我们满脑子里想的是怎么节约成本,一是要在最短的时间内打个来回,二是要节省费用,想办法逃票,住十几元一晚的旅店。记得返程快到家乡小站的时候,列车开始减速,我和朋友提前从车窗上连人带货一起跳下来,然后绕过车站回家。有时候货随风散了一地,住在附近的农民免不了哄抢,我们又不得不跟踪追击要回来。

令人欣慰的是,服装店生意出奇的好,很多年轻人以在青年商店买衣服为荣,随着进货量越来越大,我们的出行距离也越来越远,为了保证样式的时兴,跑过上海、广州乃至福建的石狮。记得到广州后常常找不到落脚的地方,火车站附近的小旅馆爆满,到了深夜还无法投宿,只好在站前广场上打盹,可到了凌晨两三点广场上有人清场，我们只得找个僻静的地方躺在货物上睡半宿。有一次慕名去石狮，路上辗转了近 50 个小时，后来实在没多余的力气去了。

就这样，我和朋友奔向一个个陌生的地方，任凭青春的汗水洒在一趟趟不知名的火车和汽车上。我们没有任何背景，无法想象像北京、深圳的人那样凭借一个批条就完成一夜暴富，我们有的只是力气、斗志与激情，我们用双手一点点抠出财富，又一点点把它垒高。

但我心里从没感到累过，就像是一次青春的冒险，命运掌控在自己手里，我没有奢望过上天的眷顾。事实上，除了自己，还能指望谁呢？我们只有靠十二分的勤奋与努力，才能达到目的。然而，这种努力是值得的，它不仅带给了我全新的视野，也树立了我从事商业的信心。

1992 年的一天，我终于决定辞去工作，专心来干事业。此时医院的工作已使我心生厌倦，我经常请假，进完货后还要赶往单位补班，固定收入少得可怜，我觉得自己不能再这样待下去了。

在那个年代自谋生路是一件需要勇气的事情，家里人都不同意我的选择，母亲也表示担忧，但我去意已决。我仿佛听到了市场经济由远及近的惊涛骇浪声，这种声音有一种摄人心魄的魔力，让人忍不住想投身其中。虽然还不知道浪涛将把我带向何方，但我坚信自己一定不会过得太差。服装店的经营使我懂得，只要全身心地投入一件事情，一定能做好！

什么是年轻？相信每个人都有属于自己的答案，问题是你该如何运用这笔财富？年轻在我看来，就是勤奋与努力的代名词，这是我们真正拥有的资本，是一切梦想成功的前提。

所以，趁着年轻，请尽情地流汗吧，世上没有免费的午餐，也没什么救世主，只有靠自己去打拼。创业者只有吃过非常之苦，才能取得令人惊叹的成功。

单位不放人，我坚持走，僵持了几个月后，我将一封写好的辞职信悄悄地放在了领导的办公桌上。对我来说，离开体制走向市场其实是很自然的结果。20世纪90年代初，不知有多少与我一样的人奔波于日渐汹涌的商流之中，现在回想起来，由于起点的不同，个人的际遇难免随时代浮沉。有人顺利淘到了自己的第一桶金，有人下海后呛了几口水又匆忙上岸，有人步履艰难地在滩涂上打滚，到最后也没有实现目标，也有人如流星般升起，又转瞬间消逝。

这就是我们身处的时代，一个机会频生而又难以把握的时代，一个前所未有的人人都有机会成功的时代，一个让我们在有限的一生中体尝生命酸甜苦辣的时代，一个自我意识开始觉醒而又充满矛盾、冲突与抗争的时代，一个空前追求成功而又容易迷失自我的时代。

无论如何，青年商店是我的梦想开始的地方，尽管它只有100多平方米，但却是我最早的训练场。我从未后悔过自己当年下海的决定，当我终于鼓起勇气独自走向商海的那一刻，才突然感到天地与我业余创业时的景象大为不同，在未来的日子里，我将一次次体会到创业者的辛劳与孤独。

　　一个阳光明媚的下午,我走出医院的大门,深呼一口气,人们脸上的微笑看起来是那么亲切,空气是那么清新,没有人知道一个 23 岁的年轻人刚刚选择了什么，我平视远方轻轻说道:"我来了！"。

不是没有机会,而是你没有抓住

　　然而,世界并不如我所想象,很快一种失落感就油然而生,像一个烦恼的问号,开始撕扯着我的心灵。

　　记得小时候,每到深秋在家乡的小河里游泳,我总是喜欢第一个跳入水中,刹那间一股沁人肌骨的寒意渗透全身,环望四周,秋风萧瑟,不禁有几分苍凉之感。这种情形与我真正下海的感受颇为相像。但如果你在水里游几个来回,适应了水的温度,再回看岸边,又会觉得秋色无边了。

　　没有了救生衣,没有了传统体制下的温暖,走在大街上,我突然意识到自己不过是一个想干点事的个体户,一个经营服装店的小老板,与所有做生意的人没什么不同,人们再不会像在医院时那样与我套近乎,因为他们的热情是有目的的。在那个年代,个体创业是微不足道的,如果说以前人们欣赏我是因为我有能力以经商为副业,那么现在一切都不同了。

我再普通不过,这是我之前所没有预料到的,自己选择的生活方式反而令我无形中与人们疏远了。

创业者最艰苦的是心灵的煎熬,有时候你甚至无法向最亲近的人倾诉,再苦再累也要强装笑脸。我不想看到家人为我担忧,当真正看清了理想与现实的巨大差距之后,只能任凭强烈的自尊心来做主了。我常常一个人漫无目的地穿行于小城的大街小巷,像是在有意无意地寻找着什么。

一个主意突然从我的脑海里迸发出来,我要离开这座城市,走出四面都是大山的秦岭腹地,到山的那一边去,确切地说,我要去人来人往的西安闯一番天地,那里才有我的新生活。

我兴致勃勃地登上了北去的长途汽车,握着仅有的两万元钱,向着心中的目的地出发了,我那时更懂的是服装生意,车一到站,我就奔向当时最热闹的服装批发市场——康复路去碰碰运气。今天这里仍然是西安的服装零售批发中心,我曾经是无数商贩中的一员。

接下来的半年日子里,我第一次感到了疲惫,第一次选择了放弃。半年里,我每天睡觉没有超过 4 个小时,由于资金有限,每天天蒙蒙亮就去找临时摊位,然后将头天晚上新进的货摆出来,一站就是一天。为了节省时间,上厕所都要拼命跑,生怕错过一单生意。收摊后,我又到附近的生产厂家去进货,像我这样的小主顾,只有排队到半夜才能补齐第二天的货。回到出租房里,我又赶紧熨平每一件衣服,然后急急忙忙地睡个囫囵觉又要去找新的临时摊位了。

生意好的时候,每天可以赚到180块,但过的是一种昼夜不分的日子,打游击的零售生意也做不大。每到刮风下雨天,我的心情与阴沉的天色一样,在西安这片陌生的土地上,我看不到任何希望。

一个人的战斗令我感到心力不支,我没有找到更好的机会,折腾了半年后,满身疲惫地回到了家乡。随着行业竞争日趋激烈,这个时候青年商店生意已大不如前,而我也无心重整河山了。

我开始自闭起来,内心烦躁,整天把自己关在房子里,不想见任何人。抽烟、睡觉、发呆、胡思乱想、看电视,就是我一天的生活,我像一个孤独的幽灵,沦陷在自我营造的抑郁之中。

大概人的一生中都会有一段这样的时光,在心中的远大理想遭到了现实的无情嘲弄之后,任凭自我情感的放逐,每天沉溺在消沉的情绪中,茫然地打发着一个又一个无声的昼夜,仿佛时间已经失去了意义。但当情感在低谷里徘徊了太久之后,一种莫名的力量又会突然把我们唤醒。

有一天,我陷在沙发里胡乱地更换着电视频道,突然看到《东方之子》栏目正在播放一个河南人的故事。这位河南人办的读来读去读书社不仅有了一定的社会影响,而且也有不错的经济效益。我好像被什么触动了,很快就跑到郑州找到他,当面讲了我的想法,我觉得自己也可以办好这样的读书社,但是需要经验。

没过多久,我的读者书屋就在原来开青年商店的地方营业了,房间里堆满了从西安买来的各种通俗读物。这是县里的第一家读书社,每个人只要花很少的一点钱办张卡就可以自由地借书回家阅读。让我没想到的是,读书社三个月就收回了一万多元的投资,但接下来我也没什么事可干了。

此后为了扩大生意,我还卖过变速自行车,也能挣点小钱,但这些生意都不足以让我投入。

我又冒出了一个想法:要好好地开一家属于我的公司。在我下海的那个年代,公司还是一个时髦的称呼,但在一个县城里你又能做些什么呢? 我订了几十种行业信息报,每天在字里行间搜寻创业的商机,左看右看,无意中瞅到一条卖涂料的信息,我突然意识到,机会来了。

我并不是要去卖涂料,而是涂料市场的背后使我嗅到了另一个世界的气息。我是县里第一个购买商品房的人,知道家装的市场有多大,于是满怀豪情地挂起了西北碧立装饰有限公司的招牌。

没想到,一块小小的招牌很快引起了工商部门的注意,有人闻声找上门来,我那时还没有注册,它从诞生的那一刻起,其实没有准生证。

"你一个个体户凭什么叫西北公司?"工商人员带着怀疑的神情问道。

"我只是觉得这样叫比较好听。"我还没有意识到问题的严重性。

"你懂装修吗,以前干过吗?"

"没有。"我摇摇头。

我赶忙解释自己不是骗子,只是想把名字起得气派一点,但说什么也没用,我不得不缴了一笔罚款,又将名字改为碧立装饰工程部,紧接着,我招聘了两三个业务员和专业师傅干了起来。也许是公司的称呼有特殊的吸引力,一位漂亮端庄的姑娘前来应聘,她的家境很好,只是在正式到银行上班前临时找个事干干,后来她成为了我的妻子,这是我开公司最大的收获。

装饰对我来说是一个全新的行业,正如我日后从事的酒店餐饮一样,我是个彻头彻尾的门外汉。

那时候,最大的问题是没有经验,我请的专业师傅也并不懂多少,甚至不会画设计图。好不容易找到一个有意向的顾客,人家问我们,要装成什么样子,我灵机一动拉着人家往已经装修好的房子里去实地看,然后振振有词地说,"就装成这样"!稳住了客人后,再和朋友一起琢磨到底该怎么装。我记得常常出现这样的情况,工程进行到一半却谁也不会干了,然后通宵达旦地讨论研究。

我们只是一个不起眼的小公司,货真价实是唯一的保证。我常常坐上长途汽车翻越秦岭到西安进材料。记得有一次半路车着火了,一头撞在山壁上,我眼疾手快跳车才幸免于难。到了西安,跟着师傅赶去进货,谈好了价格往回运,好说歹说长途司机才肯网开一面,让我们上车。

我们没有雄厚的资金，没有人脉，没有技术，有的只是待人以诚的态度，每接一单活尽可能做到最好的态度。渐渐地，我们得到了一些人的认可，虽然业务量仍不大，但却有时间细细琢磨。

我的公司梦并没有持续太久，只是挣了点钱，而且工人们各有各的想法，业务也不稳定。现在回想起来，那时候还根本不懂什么叫管理，更没有意识到什么是团队。我自己是什么活都干在前面，给师傅打下手，跟各种社会人士打交道接项目。但其实这家公司不过是七八个人的组合而已。

一次，跟我一起干的一个工头觉得自己干得多，得得少，偷偷带着所有的工具不辞而别，我又连夜好说歹说把工具追回来。当一群人脑子里只想着赚点小钱的时候，可怕的事情就会发生。

从青年商店到装饰公司，转眼我在市场经济的波浪里已经折腾了足足 7 年，已经是二十七八的大小伙子了。比照同龄人，我在生活上已经实现了自立，但仍然没有看到事业的彼岸。

1996 年 5 月末的一天，小城的空气里飘荡着初夏的味道。在我正忙着带领工人装修的时候，一个意外的机遇突然降临了，我从装修客户那里无意中听到了一条重大消息——县招待所的餐厅经营不善，打算找人承包，这位客户本人对此也感兴趣。商业的本能告诉我，也许改变命运的时刻到了。

我仿佛看到一辆列车呼啸而来，唯一要做的就是抓住它。我放下手中的活计，连续 5 次登门拜访招待所，却没有得到任何肯定的答复。我像是一个擅自闯入的不速之客，做着一个本不该做的梦,眼看着机会近在眼前,我却无法拿到一张起码的入场券。

我该放弃吗?客观地说,我没有经验,没有足够的资金,甚至无法取得别人应有的信任。

但我更想说的是,**如果你觉得自己的一生中没有机会,只是因为你没有抓住过而已。**当机会出现的时候,从来是以各种吓人的姿态把自己装扮起来,它只驯服于真正敢驾驭的人。

"把招待所餐厅交给我吧,我保证能做好!"终于,我不无冒失地跑到县领导家里主动请缨。

"你叫什么?"领导诧异地问道。我认识他,但他并不知道我是谁,只觉得平地里冒出一个陕西楞娃。

"你一个毛孩子想搞承包?"领导迟疑着,"要知道,以前的招待所我们找了南方的专业人士来经营都搞不好,每年财政都要填窟窿,你一天都没有干过,凭什么让我们对你放心?"

所谓隔行如隔山,在所有的竞争者中,我是条件最不成熟的一个。面对领导的疑问,我掏出精心准备的方案,里面有我决定一年上缴的数额,这是我唯一的承诺,能力如何只有做了才知道。我不知道自己哪里来的勇气,恨不得用全部热情去感化一座自己从未遇见过的冰山。

十几天后,我得到消息,那位县领导似乎很欣赏我的勇气,终于说服相关方面答应让我这个年轻人来试一试。

我的第一步就这样成功了。一切来得似乎有些突然,但又在情理之中。我并不担心未来,世界上没有绝对偶然的事情,没有经验可以从零学起,没有资金可以向朋友借,但如果没有勇气将一事无成。

当时我并没有想到,承包招待所最终使我一头扎入了中国的酒店餐饮行业,从此一去再也不回头。选择这个行业是我的幸运,但其背后的辛苦与付出也大大超出了我的预想。不过,有一点值得欣慰的是,尽管这是一个没有暴利而又要事必躬亲的行业,它却使我明白了人生的很多道理。

走到今天,回望我早期创业的 7 年,为谋生计一路跌跌撞撞,拼尽全力。有如火的激情,也有突然的失落;有短暂的收获,也有日夜打拼的付出;有青春的雄心,同时更有无法实现理想的阵痛与眩晕。

任何成长总是要付出代价的,对一个赤手空拳的创业者来说,再昂贵的代价不过是回到一无所有,与召唤我们前行的希望相比,要相信,一切苦难和曲折都是暂时,都是成长的一部分。

唯一值得庆幸的是,在生活的逼迫下,我没有辜负青春中最美好的时光。

第三章

善待生命中的机会

常常听到身边的年轻朋友这样说："我已经尽力了，只是运气不够好罢了！"然后对过去的事付之一笑。

我情不自禁地想问："你真的尽力了吗？真的全身心付出了吗？当机会降临，你真的把握好当下了吗？"

创业的漫漫征途中，获得机会只是一切的开始，如果你不能善待它，任何机会都会作废。

13 年前，我的机会不过是一个巴掌大的小餐厅，员工只有 8 个，而我对餐饮业也一窍不通；13 年后，我和我的团队跨越秦岭，在陕西的酒店行业以一匹黑马的姿态脱颖而出，员工队伍已发展壮大到 1000 多名。我们的梦想正在一天天发酵，这一切难道真的是人们所说的运气吗？

实际上，一切从 1996 年的那个夏天开始，当事业之门打开时，我们不过是没有浪费一次稍纵即逝的机会而已。

永远别把自己当老板

我是这样理解机会的：**机会只是赋予了你做事的权利，至少从此可以心无旁骛地付出了。**

而且，机会有个坏脾气，它不喜欢不爱它的人，当它觉得你其实不是它要找的人时，会毫不犹豫地转身，离你而去，那么你该怎么做呢？答案很简单，调动身体的每一个神经和细胞去温暖它，呵护它，抱着一颗感恩的心去照顾它。要知道，我们毕竟是因为它才找到了奋斗的方向。

我至今仍记得第一次签订招待所餐厅承包协议的情形。早上 9 点开始，不到 20 分钟，一切就结束了，气氛有些怪异，没有发自内心的祝贺，没有鼓励的话语，有的是人们的疑虑和等着瞧的神情。的确，对于我这样一个意外的偷袭者，又有什么值得祝福的呢？实际上，除了让领导抱着试试看的心态，我也无法承诺太多，我知道这个时候自己说什么都是空的，接下来只有靠业绩来说话。

可我对这个行业又懂些什么呢？我连怎么盘点餐具都不会，从来没有我这样不称职的主人。

仅仅几天前，我想的只是怎么把这家餐厅拿下来，拿下来就是一切。可当我的双手真的在薄薄的两页纸上签完字时，脑袋里却嗡的一声一片空白，"接生"的喜悦立刻消失得无影无踪。我这时候才开始意识到，自己在这个行业不过是一个刚入伍的新兵蛋子。

我用余光环视着四周，竟然有些不敢相信，这里将是我打拼的战场：暗无生气的大厅里三三两两摆放着几十张木制圆桌，因为经年的使用积了厚厚的一层污垢，每一条桌腿都已被磨损得斑斑驳驳，已经变色的四壁早已不是白色，一圈暗绿的油漆无精打采地刷在离地一米左右的墙面上，脚下是冰冷冷的水泥地，即使在签协议的饭桌上，也连一块像样的台布都没有。

为了体现交接的严肃性，招待所领导特意将餐厅的老员工请了过来，3个厨师，3个大厅服务人员，这就是我的全部班底。他们一言不发地坐在周围，我们还没来得及认识，他们第一次见到我，冷静地看着眼前的一切，好像正在观赏一件与自己毫不相关的事情，或是暗暗思考着自己的命运将迎来怎样的改变。一片寂静中，面对几张陌生的面孔，我看不到丝毫激情。

刚签完字，招待所领导对员工表达了最后的告别："以后你们就是龚总的人了，有什么事别来找我，找他。"说完转身走了。而两个小时后,还未来得及做个像样的开场白,我接手后的第一次会议接待就开始了。

当天晚上,我失眠了。我的脑海里翻来覆去地回放着白天忙碌的景象,一切看起来再正常不过,多少年来,员工重复着同样单调的工作,非常辛苦,但毫无成就感,工作不过是为了维持生活。而我却像个没头苍蝇,什么也不会收拾,更谈不上指导员工,我能给他们带来什么呢?

但这毕竟是我的新事业,母亲、姐姐、妹妹都赶来帮忙,还有我的未婚妻,接待的时候,她们帮着在前厅和厨房里忙活,下班后,又继续加班收拾一天剩下的饭菜,忙活到深夜才睡。

第二天早上 6 点多,睡了三四个小时之后,我就赶去集市上采购当天需要的原料,每天都是如此,从早晨忙到深夜,无论多累,见到每一个客人都要展示出最真诚的笑容,打起十二分的精神。

戏剧性的是,接手餐厅的第一天,这个陌生的行业就给我上了第一课。厨师长找到我,说自己不打算干了,我知道厨师长的想法意味着什么,我还没来得及给仅有的几名员工打气,这的确是一个糟糕的开始。我耐心地劝他留下来,至少干一阵再说,但他看起来去意已决。

在以后的创业生涯中,我多次遇到员工甚至高管离去的状况,但每一次我都别无选择,唯有坚持。我无法承诺什么,说什么也不会答应他走,即使出于做人的基本道理,他也必须留下。

这件事情带给我的真正震动，是我第一次意识到服务行业的特殊性。我几乎一天十几个小时和员工生活、工作在一起，我们的命运浑然一体，我必须从第一刻起就紧紧抓住老员工的心，他们有经验，是我唯一可以依靠的团队，我要尽最大努力打消他们的顾虑，让他们信任我。

博取信任没有别的窍门，唯一要做的就是亲力亲为，如果让别人觉得你是个老板，后果一定是难堪的。我常常想，如果一个人愿意陪伴着我工作一生，我又有什么理由不善待他呢？

说句通俗的话，在服务行业里打拼，无论何时，你都不能趾高气扬地像个国王那样颐指气使，每一个员工会做的事情你都要去做，你还必须学会低下头，用虔诚的心对待身边的人。

厨师长终于同意暂时留下来，接下来该是从自我做起的时候了。每天一到工作现场，我就开始找活干，擦桌子、扫地、清理窗台上的灰尘、洗碗、端盘子、上菜，拖厨房地上的积水，我给后厨师傅打下手，他们做饭的时候，我站在一旁扇扇子，看到服务员搬着一箱酒水，我一个箭步冲上去接到手里。我心里知道，员工其实是我最重要的顾客，我必须真心对他们好。而接待时，我总是站在门前毕恭毕敬地弯腰招呼着客人，用双手给客人点烟。

如果想让员工好好干，我自己就必须干得更卖力。事实上，无形中是他们教会了我很多行业的基本常识。在一个从事政务接待的餐厅里，很多单位习惯签单，而谁有这种签字权限一开始只有老员工知道。

没过几天，我和员工相处的气氛开始融洽起来。当他们看到想象中的老板不过是一个身份不同的服务员，跟他们一样跑堂，他们大概也是第一次体验到了与老板并肩战斗的感觉，开始悄悄地主动干活了。

我就这样小心翼翼、不分昼夜地经营着一个小小的餐厅，它是一个 27 岁的年轻人的全部寄托。

变化奇迹般地发生了，接手后的第三天，一位领导吃了口饭菜好奇地问："你们这里的厨师换的是哪里的？"我告诉他还是原班人马，而这只是刚刚开始，以后我们还会有新的菜品和服务不断推出。

接手一个月后，大家都怀着忐忑的心情等着发工资。根据每个员工平时的表现，我从商店买来新信封，给每个人都写上几句感谢的话，谢谢他们一个月来的辛勤付出，每个人都有奖金，最高的收入有原先的两倍。当员工们悄悄打开信封时，我听到了他们意外的惊呼声。

从此我们是一家人了，员工对我有了初步的了解，知道我是个可信赖的人，一股浓浓的情谊开始在彼此间弥漫。每到深夜，我常常带领着忙碌了一天的员工集体去吃夜宵、喝啤酒、聊天，尽可能让他们的疲劳放松于即兴的交流之中。在那个单纯的岁月里，我和大家一起享受着创业的快乐。依稀的月光下，我望着一张张淳朴而微笑的面孔，再一次告诉自己他们就是我的战友。

那个时候的劳动强度是超负荷的。我印象最深的是，餐厅楼上有个舞厅,白天做会议室、餐厅,晚上跳舞。开会的时候,桌子不够用,要到附近的学校去借,整整一拖拉机桌椅搬上楼并不是轻松的事情。我跑上跑下,后厨的男孩们见了也主动帮忙,到了中午又摆成餐厅,晚上前又清理成舞厅,如此周而复转,为了一点微薄的收入,我和大家三天两头变换着有限的空间。

按照当时的会议消费水平,一桌午餐只收七八十元,包席一桌也只有两三百元,挣的都是辛苦钱。每天快打烊的时候,我迈着轻快的脚步走进厨房,查看当天桶里的油还剩下多少,估算着一天的营业收入,想着下班后怎么慰劳大家。生意好的时候,一天的利润能赚到 1000 元。

承包的机会来之不易,我没有理由不做好它。过了不久,我亲自跑到附近的白河县招了一批形象气质都比较好的年轻姑娘,在县里引起了不小的轰动。趁休息的时候,我和员工常常围坐在一起,拿着盛着水的酒瓶练习倒酒,模拟服务实战的情形,在一片欢声笑语中提升技能。

我几乎是刻意地营造着家的氛围,努力让大家从工作中找到快乐。值得高兴的是,员工的收入远远超过了当时的公务员,小姑娘和小伙子们都有了自己的零花钱,还经常能收到我送的小礼物。

回想那段岁月,我的心头至今仍荡漾着一种幸福感。成功的秘诀只有一个,那就是与大家一起干。我不知道一天下来能收获多少,又会遇到什么样的麻烦和尴尬,但我不怕吃苦,不怕流汗。

事实上,那时的我要求不高,有一点收获就会满足。我更看重的是,我和员工建立了一种不是家人但胜似家人的情感,这种情感随着时间的推移历久弥新,散发着醉人的芬芳。

到今天,很多老员工已经跟随我十几年了,女孩子们从懵懵懂懂、扎着小辫的小姑娘变为人母,从任性的孩子成长为家庭生活的重要支柱,而那些不修边幅的男孩子们也逐渐在事业的奋斗中成长为懂得责任的男人。企业的每一个细微的发展都牵动着大家的心,我们的心彼此联结在一起。

这大概是我最值得骄傲自豪的事情,因为一个偶然的机会我们走在了一起,共同在一张白纸上勾勒出人生最美丽的画卷,我今天的成绩,离不开他们中的每一个人。

人生头低一次，素质提高一次

大凡能成就一番事业的人都是能屈能伸的人，一个人的腰有多柔韧，事业的爆发力就有多强。

这个道理我并不是一开始就知道的，当时我还不到 30 岁，正是血气方刚的年龄，早期的创业实践只是让我明白，我只需要找到自己的客户，最大限度地满足市场需求就成功了，我可以一个人挑起一片天空，盈亏都算自己的。但酒店行业带给我最深的感受是，我身不由己地陷入了一个社会关系极其复杂的世界，不管你是否情愿，我都要跟各种人打交道，没有选择的权利。每个前来光顾的人都是我的衣食父母，都可能是回头客，我必须有足够的职业精神任人吩咐。有时候，我还必须有喝下一桶"泔水"的勇气。

这个行业首先挑战的是我的人格、我的耐受力，要前所未有地学会谦恭，必要时能舍掉面子，把自己的尊严狠狠地掷到地下

第三章
善待生命中的机会

再踩几脚。从投身这个行业的那一刻起，我的"小我"就不属于自己了。

没人天生就能做到这一点，心态的修炼需要时间。一开始我也会有极强的心理反弹，但当面对现实时，又会发现自己别无选择，一时的冲动固然过瘾，但付出的代价会更高。从某种程度上，这种刻骨的修炼将伴随我的一生，如果没有对事业发自内心的热爱，迟早会败下阵来。

一个小小的餐厅足以让我体悟人生五味了。客人吃饭的时候，会随时叫我喝酒，不管我的状态如何，哪怕腹中空空，我也只能笑容可掬地站在一旁，跟每个人碰满杯，一副爽快的样子。稍微一个迟疑或推脱，客人就会沉下脸来："怎么了，你是不是看不起我？"为了不得罪客人，我要赶紧咬着牙一饮而尽，同时默默告诉自己，"让所有内心的抗拒都见鬼去吧！"。

各种各样的麻烦会随时扑面而来，如果客人酒后失态，我会兄弟般地走上前去，关心地问他是不是遇到了什么烦心事，有什么不开心的发泄出来就好了，大家以后交个朋友；如果客人饭后和朋友一起离开时忘记了买单，我不能直戳戳地追击，而要一直尾随着他，找到合适的时机笑着问他对今天的饭菜有什么意见，然后抱歉自己服务得不够好，最后再小声地提醒一下他。我必须给够每个客人最大的面子，同时把自己的面子揣到兜里。

后来我常常告诉员工：**人生头低一次，自身的素养就提高一次。一个人的实际能力等于全部能力减去耐受力。**虽然中国人早就有"小不忍则乱大谋"的古训,但直到做酒店行业我才深刻地理解这句话的含义。在苦苦追逐的事业面前,我们应该抱有足够的理性,否则就是不成熟。

在后来接手整个招待所的日子里,我和员工们一次次体验着心理承受的底线。记得一天夜里,一位客人突然和员工争执起来,原因是房间里的烘手机间歇性地作响,正在巡夜的我感觉不妙,闻声赶了过来,问明情况后,我马上向客人鞠躬道歉。员工见了我像见了救星一样,对客人说:"这是我们的经理。"客人心情不好,回了一句:"管你是什么,马上解决问题。"我继续道歉,然后查看机器到底出了什么故障,但观察了半天,烘手机也没有响声。

我对客人说:"这样吧,为了保证您的休息,我们可以采取两个办法,一是把烘手机卸下来,或者给您换个房间,免掉您今晚的房费。"客人仍然不依不饶:"你说咋办就咋办,事前为什么不弄好?"接下来的话并不好听:"什么狗屁房间,你到底是不是老总,就这样解决问题?"

我不觉愣了一下,说:"真的对不起,今天只能这样解决了,请您能理解。"语言既诚恳又透着些坚定。

这样的情景对我们来说已是家常便饭了,但真正使我痛心的并不是这些,而是由于种种原因,员工有时候会受到客人不必要的伤害。我深深知道员工为什么要起早贪黑,也深深体会到客人的内心需求。但是我要保护好我的员工,如果客人无理取闹没有起码的尊重,我会毫不退让地据理力争,一味地息事宁人不是我的性格,但也有屡屡感到无奈的时候,很多事情不是我一个人可以做到的。

在没有整体接手招待所前,每当员工们拖着疲惫的身体回去休息时,常常发现进入宿舍的大门已经紧闭;叫门的时候,会有莫名其妙的污水从楼上泼下来。我看在眼里,但却只能急在心里。有时候县里召开大会,房间不够用,我们只好请客人搬离,为他们联系别人家的酒店,一个劲儿地向客人赔礼道歉,然后送上以后免费住宿的赠券,看着客人远去的背景,我感到前所未有的愧疚。

创业有时候就是这样一种充满悖论的生活方式,因为心中的向往,我义无反顾地前行,但迎面而来的常常是凄风冷雨,甚至是我内心里排斥的事物。要做自己不喜欢做的事情,见不喜欢见的人,说不喜欢说的话,我必须把种种遭遇当成人生的磨炼,把出于本能的负面情绪默默地吞下去。久而久之,我还要训练自己从中找到快感,将自己打造成一个坚强的人。

如果没有梦想,哪怕只是微不足道的愿望,我们一定会感到畏惧、厌倦,会选择逃避。但理性告诉我,要做生活中的强者,就要勇敢地面对生活的一切,面对各种突如其来的锤炼。当我觉得实在坚持不下去的时候,我总是对自己说:今天过去了,明天让暴风雨来得更猛烈些吧!

但我不能要求每个员工都具备与我一样的心理素质,这是不公平的,我要时刻关注他们的心理感受,让他们感觉到自己的工作有意义、有乐趣、有进步、有价值,生活有希望。

我一点点积累着与这个行业相处的心得,操作中的每一个流程都会亲自体验如何做得更好、更省力,我会给员工演示如何为客人点烟,怎样摆放衣物,怎样给客人倒水、倒酒。利用每天早会的时候,我会耐心地与员工一起交流——如果客人要上洗手间,你该怎么办？如果客人中途离开,该怎么做？如果有人来找客人,该如何回答？如果你当天遇到了不顺心的事,该怎么想、怎么做?如果你做了很多而没有受到表扬,该怎么办？如果别人偷懒而你实干了很多,该抱有什么样的心态？如果你受到了不必要的委屈,该如何对待明天的工作？

作为领路人,凡事我必须想到前面,做到前面,始终用微笑去化解困难,必须给员工信心。

记得那时候餐厅经常停水,我和员工们一起下河一桶桶挑水,盛满所有的大缸;为了应付停电,我们买来发电机,研究如何利用厨房的鼓风机自给自足;夏天的时候,我亲自跑到包间里给客人扇扇子;太多的签单影响到结账的时候,我恳求供货商晚一天结款,承诺决不食言。

付出总会有回报。承包餐厅短短半年后,利润就超过了以前一年的收入,我们有了口碑。6个月后,政府开始找我商谈整体接手招待所的事情,而这一次,我已经不是那个让他们担心的毛头小伙子了。新的机会正摆在我面前,我当时想的也很简单,既然自己可以做好一个餐厅,做好整个招待所也应该是顺理成章的事情。这时我还没有意识到,更多的压力与困难正等着我。

人生有时候就像滚雪球，一开始只是个核，你无法想象它会变成一个偌大的雪球。如果你自己不行动，待到雪化时还是两手空空。你只有从脚下的那一片雪地弯腰滚起来，哪怕只是一片细如沙砾的雪花，都要尽可能地去黏附。你要想尽一切办法与时间赛跑，快速积累，来不得半点犹豫与徘徊。渐渐的，你会发现，一个雪球的雏形已经在手中了，接下来你黏附的速度会越来越快，越来越得心应手，你会慢慢找到做事业的感觉。无论这个世界怎样对待你，不要去计较付出与收获是否成正比，重要的是全身心地投入。当你做出一点点成绩的时候，你就拥有了进一步选择的权利，也许人们就喜欢你这样的傻子。

说实话，我并不是一个善于周旋的人，在与环境相处的时候，我只能用自己的行动去消解一切偏见与不公。也许是性格的原因，我从来不羡慕那些一夜暴富的人，成功与失败不能简单地以金钱的数量来评判。

在我的家乡秦岭大山上，有时候会看到一棵参天大树耸然傲立于石壁之间，显得格外的茁壮。没有人知道它究竟经历了什么，也很少有人会思考，为什么同样的水土却偏偏孕育出这样的生长？并不是它天生禀异，它曾经也是一株不起眼的小树。它所做的只是紧紧抓住脚下的寸壁，不放过每一个风吹雨打的机会锻炼筋骨；它没有浪费每一个日夜的轮转，默默巩固着根基。创业的道理又何尝不是这样，那些后来成功的人又哪一个不是从小树开始的呢？

找到生命中的贵人

如果说承包餐厅是我创业突围的第一声号角，那么随后接手整个招待所则是我全面进军酒店行业的开始。

当时的我并不懂什么是战略，也从未看过一本像样的管理书籍。我似乎是一个缺乏风险意识的人，我不会把所有的账都算明白了才出手。机会对当时的我来说压倒一切，就像一个一意要寻找新大陆的人，重要的是登上出海的帆船，然后再从实践中摸索如何驾驭前进的风帆。

曾经有人善意地提醒过我，按当时的条件，我至少要先投资200万。出乎预料的是，到整个改造完毕后，我投了足足600多万，大大超出了我的承受能力。事实上，200万对我来说也是个天文数字，9个月的餐厅经营利润不过是杯水车薪，我平生第一次面临融资的压力。

可以说，我几乎是不假思索地接下了招待所，不知从何而来

65

的自信使决策看起来有些草率，但这就是我的性格。**在机遇与风险并存的时候，我更愿意看到阳光下的机会，相信车到山前必有路。**

看着 20 多名新员工，趁着几分酒劲，我满怀激情地发表了一番就职演说："亲爱的战友们，今后我们就是一家人了，我们一年的营业额要达到 400 万，把招待所做成安康最好的酒店，只要好好干，我绝不会亏待大家，一分钱也不会少"，我用力地捶着桌子："大家要记住，来的都是客人，不允许对这个好，对那个不好。大家以后上班要有上班的样子，我们要互相尊重，平等相处，改变以前的工作作风，拿出最好的状态来，否则一切后果自负。我没有权力开除你们，但可以让你们停工待岗！"我的话听起来似乎有些强势，但有时候响鼓必须用重锤敲。

没有雨点般的掌声，有人轻轻点头，有人目光游离，有人一脸茫然。讲完后，临出门的领导拽着我的袖子说："你这个小伙子，一开始你怎么能这么讲呢，还要不要人家好好跟你配合？"领导的心情我可以理解，但我心里知道要彻底扭转招待所的乾坤，漫长的磨合不过是刚刚开始。

我闭上眼都可以想象之前招待所是如何经营：客人来了后，员工例行公事地开门，打壶开水，剩下的时间就都属于他们自己了。女人上班打毛衣、嗑瓜子、带小孩；男人偷闲下棋打牌，视工作时间为儿戏。没有人坚守岗位，彼此打个招呼就替班，到点出去买菜，回家做饭，晚上家里有事就不来了。更可怕的是，这种工作方式已经被认为是天经地义的事情。

我知道一多半的员工都不欢迎我，他们只是没办法才与我同处一个屋檐下。20多名员工中，年纪大多在35岁以上，有的已经过50岁了，他们在这里干了一辈子，突然像个包袱一样被甩给一个个体户了。他们有自己多年养成的工作习惯，并不奢望什么，不少人还多少有点人际关系。

与此同时，前期的200万投资仍像大山一样压在我的心头，使我无法入睡。尽管我的经营能力在当地已经有了些口碑，但对融资却是一筹莫展。我需要的数额超过了当地银行审批的权限，三番五次跑到地区银行，也屡屡被回绝。我的关系还不够硬，没人对一个承包县招待所的年轻人感兴趣，也没有耐心听我所谓的理想。在很长的一段日子里，我寝食难安，彻夜难眠，始终找不到有效的解决办法。

焦虑是无济于事的，冷静下来后，我仔细盘算着自己的优势和劣势，突然想起了住在楼上的一个人。他在银行工作，平时为人谨慎，不事张扬，我们交往并不深，见面只是点头打个招呼。

第一次正式交往总是尴尬的，我有求于他，而他根本不了解我。当我听说他刚有了孩子，便鼓起勇气提了一大堆礼物登门拜访，礼节性的祝贺后，我不方便多逗留，放下礼品打个招呼就要告别，谁料这位朋友拦住我，只留下了几件小孩衣服表示感谢，其他的东西让我拿回去。我推脱再三也拗不过他，只好拎着没有送出的礼物独自下楼，默默地回到自己家里抽烟。

我没有想到融资会这么难,叫天天不灵,叫地地不应,空有一腔热血却无处泼洒。我暗下决心要继续发动我的真诚攻势,第一次的交往毕竟是好的开始,让我有了进一步交谈的基础。第二次见面的时候,彼此间有了一种莫名的吸引,我们的话多了起来,他也愿意跟我一起唠唠家常,两个人的话题逐渐宽广,在放松的气氛中,我滔滔不绝地描述着自己的蓝图。

我渐渐体会到,面对最难的事情,有时候不妨用最笨的办法去解决,实现商业的目的要建立在人们彼此了解、认知和感动的基础上, 我必须要让对方感觉到自己到底是一个什么样的人。

两人成为真正的朋友之后,他也想帮我,结果令我没有想到的是,他和银行的另一位领导开始主动为我说情,他们支持我,看好我,最后硬是以个人名义和单位签订了责任状,承诺如果我的经营出了什么问题,贷款收不回来由他们个人承担全部责任,救了我的燃眉之急。

在我的人生关键点上,总会出现这样的贵人,我的付出远无法回馈他们的给予,但他们总是及时地伸出无私的援助之手。也许他们看中的,不过是我的为人做事,是我的信心感染了他们。有意思的是,那位帮我的年轻朋友后来成了我的合作伙伴,与我共同度过了一段难忘的风雨岁月。

有了第一笔启动资金,我终于可以放手干了。原来的招待所早已经营不善,极大地影响了县里的形象,每次省市领导到县里开完会后都会忍不住提点意见，大家似乎都有一种期待，期待变化的发生。

为了重振招待所的名声，我大张旗鼓地开始了改造。外墙的红砖贴上了最时兴的瓷砖，所有的木窗换成了锃亮的铝合金，水泥地面铺上了瓷砖，过道铺上了地毯，所有的房间都带上了卫生间，吊扇换成了分体空调，硬板床变成了席梦思，每个房间都安上了电话，黑白电视换成了彩电……我几乎忘记了承包者的自身利益，做着翻天覆地的美梦，我要告诉人们什么是最好的宾馆。

投资不断加码。我一口气建起了洗衣房，结束了人工操作。将厨房里的煤灶换成了柴油灶，又紧接着加盖了一层楼，命名为名都俱乐部，高端消费人士从此到我的家乡有了夜生活。我什么都要做最好的，最好的住宿条件，最棒的娱乐设施，最可口的饭菜以及最好的服务。

按照自己的意愿把蓝图变成现实，是我创业生涯最满足的事情。实际上当时我并没有更多想如何回收投资，只是凭着一股子猛劲要改天换地，为了快速达到目的不惜一切代价。

但我同时意识到，仅凭我一个人的力量是难以实现理想的，我必须想办法打造自己的团队。

新来的孩子们大多来自附近的大山，由于家庭经济困难，他们没有受过完整的教育，经历了短暂的漂泊之后，他们无奈地回到家乡谋生，只想谋碗饭吃，然后到了一定年龄过自己的生活。而那些老员工们已经过惯了朝九晚五的日子，从心底里惧怕任何细微的变化。我不禁开始思考，我将把他们的生活带向何方，如何让大家按照整齐的步伐前进？

我必须给他们的工作与生活带来新的东西，为了我们共同的前途，我不得不尝试冷冰冰的制度。我开始频繁地开早会，每天早上，我都会精神抖擞地讲述每个人所应该具备的职业道德，我留心着员工们每一个细小的心理波动，一边耐心地做思想工作，一边树立起管理的威信。会上谈现象、找问题、提要求，想不通的我要打通，心里有委屈的我要安慰，一时不理解的我要执行。到了晚上，我召集所有管理层一起探讨经营动态，每个人都要听我说到半夜。

我的独断专行似乎从那时就开始养成了，但我认为，做事业必须要有激情，员工眼睛里要有光。

在员工眼里，我更像是一个提要求的人，他们很快就感受到了我个性中苛求完美的一面。很多年后，我才逐渐掌握了平衡的艺术，意识到要在过程中追求完美，一时达不到不必强求。

每提出一项具体的要求，员工都会不自觉地心头发紧。我随时把工作中发现的问题记录下来，然后从实际出发订出条例，或者通过口头导入，让大家记下来。记得最有趣的规定是："不说普通话，一次罚 5 元钱"。事实上，我自己的普通话也很蹩脚，每天晚上在办公室捧着报纸苦练。员工一开始不好意思开口，会让当地客人笑话，但久而久之，客人们也自然习惯了。

很多老规矩变了。员工们发现上班必须守时，做事要按照宣布的操作手册办，到点不能接小孩了，无形中给上了枷锁，于是有人诉苦，有人告状。一次，一位县领导找到我说："小龚呀，听说你承包后搞了很多规定，这个不许，那个不许，要考虑员工的实际情况，到点不接孩子怎么办？家里的饭谁来做？如果你要坚持，干脆自己办个幼儿园好了。"我听了哭笑不得。

尽管有种种议论，但我并没有放在心上，我始终相信80%的员工是好员工，而阵痛则是难免的。

我的管理经验其实就是这样一步步从实践中摸索出来的，作为管理者，你必须有敢于担当的承受力。事后看来，很多有效的管理经验都是在招待所那个时期积累的，员工的行为方式都有那时的影子。也正是因为如此，我才能把一支原本文化素质不高的团队带到外面更广阔的世界中去。

整体接手后不久，我琢磨出了责任链管理法则，如果哪个员工犯了错误，或遭到客户的投诉，相关的管理人员要加倍处罚。于是，有人提心吊胆地上班，有人见了我就躲。但我知道严格管理只是必要的手段，不是根本的目的，对所有的员工，我要送给他们温暖和快乐。

我在企业内部设立了员工关爱经费。遇到有困难的员工，我和管理人员都会当即掏口袋支援；员工生病住院，我规定管理人员必须去医院探望，外加100元的礼品；每逢节日，员工一定会收到我的礼物，赶上大年夜，我和员工一起聚餐，无论多远，我会逐个把他们送到家门口；看着那些一天天长大的姑娘，我会关注她们什么时候开始谈恋爱了,什么时候家里经济困难了。引以为豪的是,由于我对母亲的感恩,很多员工也从内心深处明白了孝道。

员工的精神面貌在逐渐转变,我们每个月会选出一到两名优秀员工,给予物质奖励。当他们人生第一次站在众人面前接受赞扬的时候,尽管还显得有些羞涩,不会发表什么感言,但心里是甜蜜的。后来我们的奖项越来越多,有进步员工奖、忠诚员工奖、技术能手奖、爱岗敬业奖、敬业奉献奖等。我变着法儿地设立各种奖项,让那些真干实干的员工拿到好处,精神上受到鼓舞;让那些吊儿郎当的员工认识到不足,尽快转变思想意识和行为方式。

回想20世纪90年代末,我在一个小山沟里开始有意识地精心打磨一支走向未来的团队。虽然当时我还无法确切地告诉大家未来在何方,但很多属于我们自己的管理理念其实已在悄悄萌芽之中,一个健康而饱满的胚胎开始在封闭的母体中孕育。令我自己都没有想到的是,这个胚胎后来能在关键时刻起到超乎想象的支撑作用,为新事业的拓展一次次输送源源不断的力量。

一个人的成功取决于他的环境

　　要想让你的团队展翅高飞,必须有坚实的翅膀。我从来不认为培训员工是一种成本,是花冤枉钱的事。另一方面,按照当时的情况,培训既是为了现实,也是着眼于未来。

　　当我宣布每个员工都要接受培训的时候,很多老员工听了觉得不可思议,悄悄议论着:"我们已经干了这么久了,都是几级工,还需要培训吗?"这种反应在我预料之中。我需要时间让员工们感受到学习的价值。新员工也无法想象如何一边工作、一边学习,他们中很多人一说话就脸红,由衷地觉得自己不能胜任服务工作;搞采购的有的一开始连秤都不会看;而管理人员则常常出现夏天穿着大短裤,拖着拖鞋无所事事地四处闲荡。重塑团队并非想象那么简单。

　　这时候我已觉得光靠人情难以维系一个团队,必须从管理上开始考虑制度大于人情的必要性。不管大家是否情愿,我也要拿着鞭子把每个人赶到培训的轨道上来,而要做到这点必须首先舍得投入。我始终相信,对于员工来说,培训是最大的福利,一个不注重培训的企业是不负责任的企业。员工到企业工作不仅是为了拿工资,更重要的是要看,他一旦离开时究竟带走了什么。

2001年夏季的一天,我带领员工迎来了一位从杭州远道而来的年轻客人,我们都尊敬地叫他邵德春老师。我们在一次课堂上相遇,出于同样的对酒店行业的热爱,两人很快成了好朋友。那个时候的我还处于自学阶段,他也无法想象我这个西部大山里的人是怎样痴恋着这个行业。分手的时候,我试探性地向他发出了真诚的邀请,他恐怕也没有想到,两个月后自己真的会来。

从富裕的长三角而且是杭州突然来到陕南的山城,邵老师对我们的第一印象应该是深刻的,这分明是两个截然不同的世界。当他第一次走进我们的招待所,看到的不过是一个普普通通的宾馆,但随后出乎他意料的是,大山里的孩子们发自内心的热情比起都市的高档宾馆毫不逊色。虽然孩子们各有各的想法,各有各的做法,还不懂得一些基本的规范,但都有着强烈的学习渴望。一个月后,他依依不舍地告别了我的团队,临走时鼓励我:"好好坚持下去,将来不得了,多教教,多带带,你的员工都蛮有想法的,以后有需要我会随时再来!"

我们的系统培训工程就这样一步步展开了。很多核心员工生平第一次坐飞机,甚至是第一次到大城市见世面。我领着他们穿梭于北京、上海、深圳、杭州、昆明的各种行业培训课堂之中,见到了国内很多重量级的行业人士。也许课堂上的内容对我们的员工来说,更多的只是新鲜。但我相信,随着每个人视野的逐渐扩大,我们的服务质量会有质的提升。

即使仅仅是开眼界也是值得的,我给每个外出学习的员工每次 5000 元的费用。每到一地除了学习,更多的就是考察酒店。正是在这样的学习中,管理人员懂得了怎样花三星级的钱建设四星级的酒店,收五星级的价格;如何建立客户服务体系,如何建立质量管理体系;怎样通过检查、重复,纠正、完善质量管理。他们开始强烈地感受到,原来外面的世界那么精彩,有那么多与自身相关却闻所未闻的事情。

外出学习制度后来成为了我们的传统,接触的内容也越来越广泛,从行业培训到心智教育不一而足。

学以致用是我们最基本的想法,带着新鲜的知识,回到家乡后紧接着是具体的实战演练。我们经常举行情景模拟,大家聚在一起练习摆台、铺床,每次演练都是一次紧张的计时比赛,看谁做得又快又好,你追我赶掌握技能的风气悄悄形成,很快我们的员工就在地区行业比赛中夺魁。此外,我们还每月召开学习分享与交流会,每个人把本月学到的东西发表出来,这种做法一直沿用至今。如今的每次月会,骨干们都会准备好自己的 PPT,盼望着分享的那一瞬间。

如果你参加过我们的月会,一定会对分享这个必不可少的环节感兴趣。它不是泛泛的交流,主讲人要充分展示个人的魅力与激情打动听众,他就要尽可能地还原每一个发生过的细节,解析自己最真切的心理感受。比如一个人当月的销售成绩不错,他的讲述就会像放纪录片一样。

我们的分享不仅限于自身工作，如果谁有什么新的管理感悟，或读了一本好书，或是发现了一个值得关注的商业案例，甚至是个人如何处理和谐的家庭关系，大家都会用热烈的掌声配合。很难想象，他们并不是天生善于口头表达的人，但如今一个个都有几分演讲家的派头。

一个优秀的团队应该有自己的气质与风格，无论内部如何分工，他们走到哪里都应该让人们一眼就辨认得出，他们的脸上应该洋溢着一样的笑容，眼里放射出一样的光，对这点我坚信不疑。

其实，并不是我对培训的重要性有先见之明，这样做一开始是被逼出来的。在那个交通不便、信息不发达的年代，由于深处中国的腹地，西部从来是落后的代名词。我们的起点在整个行业中是那么低，我们接触世界的通道是那么狭小。一个新鲜的理论会让我们眼前一亮，一个来自发达地区的行业人士会让我们内心折服，一次短暂的外出会让我们的员工终身难忘。正因为此，我们才会本能地加倍珍惜学习的机会，才会反复地咀嚼与相互传递新鲜的养料，才会翻来覆去地共同读一本好书，这样我们才有了与外界共同的话语平台。

事实上，我们最初的很多东西是"偷"来的。在国内大城市的酒店，尤其是当时的西安，经常会遇到我们这样一批"翻箱倒柜"的不速之客。与一般的住客不同，我们是一群别有企图的"盗火者"，提包里随时装着尺子、相机、纸、笔。从临近酒店的那一刻起，我们就开始观察外围的环境，它的环境和入口如何布置，迎宾如何服务，前台如何接待，大厅如何设计装修，沙发如何摆放，走廊的灯光如何设计，每一个视觉的接触点如何用料，装饰物如何点缀。进到房间，我们会像特工习惯性地检查房间里有无窃听器一样，打量每一个物件如何设置，用尺子量家具摆放有多高，插座是怎样安置的，琢磨客人使用起来为什么会感到舒服，像收集情报一样用相机疯狂地拍照。遇到好的经验，我们会拿出纸笔记录下来，遇到心动的物品，我们会千方百计地向内部人员打探渠道、价格，有时候，我们也会悄悄把相关的价目表顺路捎回家。

迫于条件的限制，我们要把每一次外出的回报压榨出最后一滴汁液。如果住宿，我们会通宵达旦地进行案例分析，甚至不放过每一个细节，在脑海里几乎重演着下榻酒店的过程。每一幢建筑物都是我们的课本，每一个高档酒店都是我们的活教材，都是我们进行解剖的样本。

那个时候，能够踏进五星级酒店总是让人心潮澎湃、目眩神迷。在别人的地盘上，我们尽情地摸索，享受着偷艺的快乐。我们总是有说不完的话题，看不够的东西，学不完的经验。

住五星级酒店对当时的我来说还是一件奢侈的事情，我就常常溜进大堂，找个不起眼的角落坐下来，然后眼睛不眨地观察眼前发生的一切，从中午坐到下午，从黄昏坐到深夜。记得有一次半夜，酒店保安把我从睡梦中推醒，我连声说抱歉，依依不舍地迈出大门，暗自算计着以后再来。

很长一段时间，我频繁地往返于西安与家乡之间，常常坐夜班长途汽车返回。夜深人静时，车上的乘客大多已睡着了，我望着窗外连绵不断的山影，很久才能看到一簇微弱的灯火，山路忽而盘旋直上，忽而急转直下，不知要拐多少个弯，爬多少个坡。大山笼罩之中，无言的群山和寂静的黑夜渐渐会给人一种奇妙的错觉，有点像为了一个既定的目标而进行的人生的攀爬，不知道什么时候会出现紧急情况，也不知道山路何处是尽头。我一面眺望着远方的风景，一面念想着我的员工：有人还在值班，有人已经进入了梦乡准备迎接第二天的工作。而我则带着新鲜的想法和刚刚学到的点点滴滴满载而归，一种突如其来的幸福感让人沉醉。

也许有一天我们会走出大山。这个念头时常掠过心头，我不知道具体的时间，但预感到终归有这么一天。我们与外面的世界太远了，我要带领员工翻越重重障碍，才能走向新的天地。

接手招待所的 7 年后，我们的梦想实现了，但在那段拓荒的日子里，我们还有很多事情要做。

创业总会有这么一个阶段，你不能好高骛远，只能脚踏实地。 你经营的只是一片杂草丛生的荒原，做的是别人不愿意付出的事情，就像秦岭人家日复一日地耕种着山坡田，他们把每一滴汗水都挥洒在了土里，为了多收成一点，在每一个可能的角落种满各种作物。实际上，他们也是在种植希望，他们无法改变环境和传统的劳动方式，但心里总还是图着点什么。

1996 年的那个夏天，我就这样一头撞进了酒店行业，我们奋勇地起步，虽然没有多少人听见我们的啼声。

第四章

发现自己的使命

创业从来不是一条平坦的直道，而是充满了意外的岔路口，路径的选择有时候比做事本身更惊险。

每一个岔路口的选择都有可能把你抛出原来的轨道，总有那么一个关键时刻，要么是新的诱惑吸引着你，要么是经营的困境吓倒了你，与这种情况不期而遇时，也正是决定你一生的时刻。

放弃还是坚持？这不是一道简单的选择题，也没有标准答案。但需要记住一点：**一个人一生中大多只能做好一件有意义的事情，坚持是通往成功的唯一捷径**。当然，这件事应该是你喜欢干的。

进入酒店行业 13 年来，我也曾犹豫过、徘徊过，甚至想放弃过，所幸的是我终于坚持了下来。到后来我才明白坚定的意义，我自始至终都无法抛弃内心的情感。我发现，原来自己是这么热爱酒店这个行业。

这种热爱，我称之为使命。

听从内心的声音

使命感并不是一夜之间产生的，创业初期，我更多的是想着怎么挣钱，这里讲一个卖带鱼的故事。

有一年春节将近，我开始动脑筋想着怎么让大家过个好年，突然想到很多单位过节都要发福利，我们可以进点新鲜的商品推销。于是带着人连夜从西安拉回整整两车带鱼，一面和各单位联系，一面在市场上摆摊出售。谁知由于缺乏经验，当地人对我们的品种不感兴趣，他们喜欢小带鱼，而不是又宽又大的品种。挣一笔外快改善员工生活的愿望破灭了，直到第二年春节，我们进的带鱼还躺在冷库里，损失惨重。这件小事可以看作我们当时生存状态的缩影——什么挣钱就忍不住做什么。

刚刚接手招待所的两年，我们度过了一段激情燃烧的岁月。我常常晚上八九点钟召集管理人员开会，交流经营理念，沟通思想，探讨实际问题，会议一开就是三四个小时，而我仍毫无倦意。

1999年，小小的招待所进入了"管理年"，但实际上，那个时候的管理还处于自发的摸索之中。

1999年底，正当我雄心勃勃地掀起招待所革命后不到两年的光景，一件意想不到的事情发生了，随着西安到安康铁路的提前竣工，浩浩荡荡的铁路修建大军一夜之间撤走了，这些人是我们最具消费力的客源，是我们的经济支柱，可就这样连招呼都没打一声就不见了。

我并没有注意到市场的骤变，整天还做着赚钱的好梦。招待所已经投入600万元，我算计着如何以最快的速度回收，而且形势一度看起来不错。我们的员工每天忙得脚不沾地，客房夜夜爆满，餐厅连连翻台，所有的人都以为日子本来就是这样过的，我们已经做好了一切准备。

然而，头脑发热的我忽略了市场的变化，势必要付出惨重的代价，这一点是不以我的意志为转移的。

看着日渐冷清的门厅，员工们都像丢了魂一样，付出的成就感大打折扣，他们期待着我能站出来扭转乾坤。在内部的一次会议上，他们都眼巴巴地望着我能突然想出什么锦囊妙计，我知道员工的心情，我是所有人中最想改变的人，但这一次我说话的声音比平日弱了很多。

那些曾经提醒的声音再次在耳边回响起来："别太乐观了，适可而止吧，你投了这么多，小心把自己的身家赔进去，如果你经营不好，政府不会退给你一分钱，到时候你拿什么还银行呢？"在当时，一心往前冲的我只盯着眼前,算着细账,脑海中根本没有"风险"两个字,我单纯地以为,只要心里有梦想,一定能实现。

企业经营会面临两种外部环境的根本性变化,一种是经济周期的到来,也就是所谓的萧条,这时候比的是谁的素质更好,谁的生存能力更强,谁更耐熬,但总之谁也躲不过。另一种则是行业的战略转折点突然到来,如果是正面的机遇,谁能先知先觉,谁就可以抓住机会脱颖而出;但如果你发现了重大的负面信号,就必须未雨绸缪,想新的出路,否则就是坐以待毙。

当我意识到变化时,已经没有退路。我被一时的繁荣迷住了双眼,等到察觉时,一多半的借款还未还清,银行的利息每天都在增长,而我们的效益却在下滑,面对员工的渴望我一筹莫展。

不光我们受到了冲击,街上的小餐饮店也在一家家倒闭,数钞票的日子结束了。此时,一个魔鬼般的声音在我的心头萦绕:"放弃这个行业吧,干什么不能挣钱,为什么要整天赔着笑脸给人服务呢?"

突然有一刹那,我感到心累了,昔日所忍受的苦楚泛上心头。也许是弦绷得太紧,我对自己所从事的行业有些既爱又恨,爱的是它把我带上了事业的轨道,尽管一路艰难困苦,但我知道前景是光明的;恨的是我和员工们付出了很多,刚刚闻到收获的气息,一场从天而降的"霜冻"就把我们打蔫了。

求生的本能使我开始寻找新的方向,两个显眼的行业引起了我的注意,一个是高风险暴利行业的矿产,一个是蠢蠢欲动的地产。很多年后,这两个行业在中国催生了数不清的富豪。他们的挣钱逻辑与酒店行业简直有天壤之别,难怪有人说,一个人一旦做了矿产和地产,其他就什么也不愿意做了,如果单单是为了挣钱,我也会毫不犹豫地跳进其中,做一个凶猛的淘金客。

终于,我满怀希望地接受一位朋友的邀请,踏上了看起来生机无限的财富之路。朋友惊喜地告诉我,他发现了一处被人废弃的铅锌矿,没人意识到它的价值,他可以用很便宜的价格买下来,希望我能一起干。顺便补充一下,我的家乡虽然地处偏僻,但却是十多种矿产资源的富集之地,我清楚地知道拥有一处矿藏意味着什么,它可以轻松地完成一个家族几代人的财富梦想。

记得我们驱车沿着崎岖的山路缓缓爬行,颠簸了很久进入大山的腹地,四周空无一人,除了陡峭的悬崖就是茂密的树林,好像到了另一个诡异的世界。到了矿井,我被眼前的一切惊住了:很多人已经捷足先登,他们住着石板房,吃着粗糙的食物,过着野人般的生活。时间的指针仿佛还停留在中世纪,工作条件极其简陋,整天冒着生命危险埋身于黑黢黢的隧洞之中,特殊的生活方式塑造出了一群性格粗犷甚至是有些粗俗的人。他们放肆的说话,开玩笑地把命运交给老天爷,尽管他们得到的回报也是丰厚的,但这显然不是我能适应的生活方式。我不禁陷入了沉思。

回来的路上,好心的朋友一边问我意下如何,一边乐津津地为我描绘着未来的前景,我明白他的心思。但不知为什么,这时候我挣钱的欲望倒蓦地安定了,虽然财富的奇迹近在眼前,简单地说，我不喜欢开矿，不喜欢生活在那样的环境中，更谈不上事业，何况我将如何安置我的那些可爱的员工呢？我一个人跑到深山里去发财，去解决自己的困境，他们该怎么办呢？

我无奈地告诉朋友，开矿固然是个不错的行当，但我不会再来第二次了，这里不属于我。

有意思的是，后来我的这位朋友真的发了一笔大财，他的冒险成功了，常常有人问我是否对当年的选择感到后悔，我回答说，"不"！客观地说，我的确放弃了一次原始积累的绝佳机会，财富增长的速度被人为地延迟了，但我选择了财富所不能完全代表的东西——一个人的事业。

没过多久，裹着糖衣的地产又来敲门了。曾经为我们加盖招待所的朋友找上门来，希望我能加盟。那个时候房地产刚刚开始露出兴旺的苗头，一个项目起码有 100% 的利润，我已经看到这个新兴的行业未来将大有空间，与酒店行业也有着千丝万缕的联系，从内心里无法拒绝。我干过装修，对建筑也有一点了解，我相信如果自己用心做房地产的话，也一定会成功。

但问题是我没有足够的资金运作，更使我感到为难的是，我并不擅长玩灰色的游戏规则，我不喜欢暗箱操作，通过空手套白狼的方式赚钱也非我所愿。我可以喝下服务行业中的一杯杯苦酒，但却无法端着笑脸成天生活在打通各种关节中。在这方面，我自认为并不是很开窍的人。

不管是因为何种原因，我打消了投身矿产与地产的念头，真有种望断天涯路的感觉,酒店经营仍没有转机,还是要艰难地维持下去。我还想过办个加工魔芋的工厂,但最终未落实。魔芋是家乡的特产,当时在市场上正吃香,作为一种保健食品远销日本。但对我来说,加工产业是一个陌生的领域,不清楚工厂的投资到底有多大,多少时间能回收,怎样才能赢利。

我从未感到这般无助,一个个不眠之夜在香烟缭绕中度过,我苦思冥想,但天亮后一切照旧。年迈的母亲暗自为我担心,怕我会就此垮下去,常常劝我考虑放弃:留得青山在,不怕没柴烧。

无奈之下,我想出了最后一招,找政府谈结束承包的事情,我想退出,还认真地打了报告,结果却如泥牛入海。

看来我真的是要放弃了。就我个人而言,缓口气东山再起并不是难事,现在想来,那段时间大概是我入行以来最动摇的时刻。从某种意义上来说,是空前的资金压力击溃了我的意志,昔日的热情荡然无存,我甚至想逃避,另谋生路,我这才发现自己原来没有想象中那么坚强,内心也有脆弱的一面。每天面对员工时,我尽量打起精神,笑容满面,一个人回到屋里却无法平静。

其实,这个时候正是最考验创业者的关口,几乎每个人都会遇到这样的难题。一个人要成功首先要选准一个行业,最初的选择常常只是出于一种战略直觉,但至关重要。正如巴菲特所说:"人生最重要的是发现很湿的雪和很长的山坡",道理虽然简单,却并非人人都能轻易做到。**如果你已经选定了一个行业,决心做出点名堂来,剩下的就只有投入和坚持了。无论你遇到什**

87

么，都要咬着牙做下去。撤退总是容易的事情，但付出的代价将是失去了一次成长的重大机会。

人性中都会有弱点。在艰难的跨越中，都会有感到胸闷气喘、头晕眼花的时候，谁也不是铁打的人。很多成功的人只是在最后的一个瞬间没有选择放弃，最终是理性战胜了情感，信念战胜了怀疑。

假如人生可以随意想象的话，如果我当年选择了矿产或是地产，现在应该也是过着一种富足的生活，一两个项目就能够彻底满足物质上的所有需求。但我想，如果自己再遇见酒店行业的同仁，一定会有恍如隔世的感觉，我甚至羞于告诉他们，我曾经也是爱恋这个行业的人。

人有时候要认命。很多机会只对别人产生意义，干一行爱一行是最朴素的真理。如果你是个农民，就种一辈子地吧；如果你热爱写作，就要习惯寂寞地坐在书桌前；如果你喜欢科学，就要像个孩子那样探索未知，永葆一颗赤诚的童心。谁知道，上帝有一天会赐予你怎样的礼物呢？

彻底认清自己的角色

我终于想出去透透气，也可以说是一种暂时的逃避，我把目光投向了北京。

"山重水复疑无路，柳暗花明又一村"，我的事业常常出现这样的情景。令我自己都没想到的是，2000年春，当经营举步维艰之际，一次4个月的北大工商管理课程学习彻底改变了我后来的命运。我后来的体会是，当你一时无法摆脱困境的时候，不妨换一种方式来寻求突破。

我的北大梦由来已久，当年由于家庭经济困难，我选择了中专以谋就业，但心中对名牌大学的向往从未泯灭。我时常幻想着自己能像很多幸运的年轻人那样迈进中国学府的最高殿堂。因为一个偶然的机会，我悄悄地报了名，得到通知后，我欣喜若狂，转身就告别了团队。

89

虽然心愿得到了满足，但当时的我并不知道可以收获什么，有点像《西游记》里的孙悟空执意要离开水帘洞。不同的是,孙悟空从此踏上了自己的探索之路,一去不复返,而我则在取到经后又回来了。

我现在仍清晰地记得第一次跨进北大西门的情景,心中的圣殿近在眼前,却有些不敢相信。我控制不住内心的翻腾,一个人绕着校园转圈,恨不得用最短的时间熟悉这里的每一个角落。那是一个生机勃勃的早春,校园的迎春花已经吐蕊,丝丝垂柳含烟,像极了我的心情。

回到宿舍,我为自己订立了清晰的学习计划,每天除了正常上课,自学两小时,听讲座,早上在校园里运动半小时,4个月读60本书,我决心要成为班上学习最认真、进步最快的学生。

紧张而充实的学习生活开始了,我自由地遨游于各种新知识之中,暂时忘记了经营的困扰。厉以宁教授的严谨与犀利,林毅夫教授的理性与渊博,刘伟教授的幽默与风趣,还有很多从未听说过的老师,他们的风采至今仍常浮现于我的脑海之中。我见到了很多国内外知名的企业家,北大就像一个魔幻大舞台,各路精英走马灯般轮番上阵,让人大呼过瘾。

每天我到食堂去打饭,挤在长长的队列中,感觉自己好像又回到了学生时代,心里洋溢着一种莫名的幸福感。周末的白天,我一般在图书馆度过,到了晚上,则和学友们一起分小组讨论交流。时间过得很快,那时,我喜欢独自漫步在月色下的未名湖畔,找个角落坐下来,静静享受这难得的时光,我在脑海里梳理着白天所学习到的新课程,沉浸在物我两忘的境界中。

但我知道,北大并不是我的世外桃源,来到这里是为了更好地出发,它只是我人生中的一个驿站。我常常接到家乡的电话,他们觉得我好像失踪了,急切地盼望我早点回去。但我觉得还不是时候,市场回暖不是一两天的事情,很多事我还没想明白,我安慰大家经营只要平稳就好。

客观地说,这段学习生活比较系统地充实了我的管理理念,影响了我的管理风格,在实践的过程中,有得有失。它更重要的意义在于,从此我开始作为一个自觉的管理者来把握企业。

北大学习结束后,我仍然不打算回家,又相继去浙江大学学习酒店管理,去西北大学学习企业文化再造。这个时候的我仍然不知道下一步该做什么,我学了很多理论,但结合实际还远远不够。

当时我并没有意识到,一个重大的心理变化正在悄悄向我逼近,就好像一个人并不觉得自己在长身体一样。学习期间,我开始了全国各地酒店的考察,先后跑了 100 多家,这场漫游使我对酒店行业有了更深的认识,冲击每时每刻都在发生。我既是一个局中人,又是一个暂时的局外人,一个跳出行业看行业的审视者与观察者。当我更多地站在顾客角度换位思考的时候,很快就发现了问题,它是一个公开的秘密,却很少有人能察觉,而这恰恰是我的机会。

21 世纪初,中国的酒店行业还处在半梦半醒的状态,高高在上的五星级酒店都是远道而来的洋品牌，快捷酒店还没有萌芽，三星级以下的酒店还沿袭着几十年不变的服务理念,真正的竞争还没有到来。说实话,即使站在金字塔尖的五星级酒店,服务意识仍让人感到太多的遗憾。给我刺激最深的莫过于,那个时候的五星级酒店对国人与西方人的态度简直判若两人,见了高鼻碧眼的外国人满面春风,殷勤异常,而见了自己的同胞却马上换了张脸,笑容像冻住了一样,有的地方甚至不收人民币。一个重要的原因无非是,老外出手大方,容易满足,有给小费的习惯。也许是崇洋媚外的心理在作怪,一个中国人在自己的土地上却像是二等公民,这样的现象在当时司空见惯。如果顾客遇到一张发自内心的笑脸,还会有种受宠若惊的感觉。

这难道不就是我的使命吗？"使命"这两个字眼第一次跳进我的脑海。我的使命就是要让中国人感受到什么是尊严,那些本应该属于所有消费者的精神享受,在我的酒店里一点也不应减色。

戏剧性的是,我寻觅了一圈,却重新发现事业其实就在出发的起点,酒店行业就是我一生的归宿。我下定决心,从此把生命卖给这个行业,要把店开遍全中国,服务好每一个中国人,打下一片自己的商业帝国。应该说，这是我的梦想真正起飞的第一步,是二次生命的开始。

乍看起来,这似乎是一个有惊无险的过程。但实际上,一个人要想真正搞清楚"我是谁"并不容易，很多人一生之所以没有成功，不是因为缺乏才智，也不是因为没有付出过，而是因为从来没有认真思考过自己到底喜欢干什么，适合干什么，应该追求什么。

对于一家企业来说，使命就是黑夜航行中的灯塔，它不应只是挂在墙上的标语，而要融化在整个团队的行动与血液中。

从这一刻起，我对酒店行业的雄心被彻底点燃了，我发誓不会再做无谓的选择，过去的困境不过是一种磨炼。当我再一次回到久违的团队中去的时候，已不再是那个左顾右盼的人了。

彻底认清自己的角色，致力于旅游服务事业的发展，提高人民旅游生活的品质，促进社会的繁荣与进步！

一个冬日的夜晚，我一口气写下了我们的使命，每天早上我们列队宣读，10 年来没有中断。

建立共同的使命

有了使命，下一步是如何有组织、有计划地向它进军。而更为重要的是，如何把一个人的使命变成一个团队的使命？

我的号召听起来像是疯话，疑惑写在每个人脸上，大家觉得虚无缥缈，抱着姑妄听之的心态。

但我决意给员工上一次真正意义上的管理课，我已沉浸在新理念的实践中，无法顾及太多。

我首先提出了新的奋斗目标——打造安康一流酒店，把招待所做成全县的形象窗口。那么怎么做呢？我选定安康地区最好的餐饮与宾馆作为赶超的标杆，提出"酒店服务向安康宾馆学习，餐饮向莲花池饭庄瞄准"。有了具体的学习对象，我们的员工就可以带着紧迫感出发了。

我们开始建立自己的服务体系，实施酒店行业的三大黄金法则："任何时间任何地点见到客人都是彬彬有礼的，任何时间任何

94

客人接触到的设备都是完整有效的，任何时间任何地点凡是客人见到的都是干净整洁的。"这都是一些简单的要求，但只有形成文字，才能建立标准，做事才有规范。

今天再看这些措施，很多已经成为行业的基本准则。真正难的并不是把想法变成要求，而是准备迎接团队建设的阵痛，这种阵痛往往是超乎预想的。任何企业的管理变革其实都是一场不流血的革命。没有制度的硬约束，改革就无法推进，但有时候我又不得不承受超常的代价。

我并不否认自己的管理作风一度过于严厉，我眼里容不下一粒沙子，看到员工开会时交头接耳，我会控制不住情绪砸桌子，把杯子摔得粉碎，直到今天，我们的企业文化仍带有军事化管理的色彩。我不是不想民主，但我耗费了大量时间与员工探讨协商，结果却影响了决策效率。

管理没有最好，只有适用，再好的理论如果不能结合企业发展实际，也是空纸一文。

员工们大多感到不能适应，我的措施看起来有些恐怖，一道道"紧箍咒"从我的办公室飞出来。为了效果，我加大了处罚力度，在原来的处理等级上提高了 10 倍，比如开会迟到一分钟以前罚款 10 元，现在成了 100 元；管理人员如果考核两次不合格，立即停工待岗，或者降为普通员工，以观后效。我将考核指标分为经营与管理两项，后者的权重由原来的 10％提升到30％。管理指标定得很细，如，月员工流动率不能高于 5％，卫生合格率要达到98%,仪容仪表合格率要达到100%。 总之,基层员工和管理人员的一切行为都有具体的指标监控,达不到就必须受罚。

我最受不了的是部门之间不能协作,如果哪一个部门遭到其他部门的投诉,查明实情后一次处罚管理人员 200 元。我还规定如果员工出了工作问题,部门负责人也要受罚。那时候,我们经常召开"扒皮会",员工之间互相提意见。由于女性多,我严厉要求不准扯事论非,我的妹妹曾经因为违反规定,被我勒令闭门思过,发配到洗衣房上班。

光设置底线是不够的,人需要激励,我们在绩效方面有了重大突破。在餐饮部,我们开始实行收入提成制;在客房部,我们率先推出了内部管理承包计件制。按照房间的状态,我将其分为三种——闲置、入住中与客人离开后,不同房型不同状态制定了不同的价格,每多打扫一次就会多得一份收入,它改变了当时酒店行业普遍实行的固定工资制,员工有了干劲。

我的新花样越来越多,员工一开始心里七上八下,他们最关心的是改革是否会影响到原有的收入。记得餐饮部刚实施提成时,部门经理第一个没有完成收入,工资只有 500 元,管理人员开始议论纷纷,担忧占了上风。第二月他们更卖力地干,但依然没完成任务,拿得更少,终于有人忍不住跑来向我申诉,"你定的是什么政策呀,为什么我们工作做得比以前多,却拿得越来越少?"

我沉住气,耐心地告诉他定下的政策不会变,现在只能这样做,如果第三个月再完不成,累计少拿了多少补多少。到了第三

与你的梦想一起奔跑
——创业家是怎样炼成的

96

个月,部门经理笑了,按照提成,他一次拿到了几个月的工资。

我们是一支战斗的团队,我不能让任何一个员工感到没有奔头,同时不能让他们躺在原地晒太阳。

我们引入了岗位公开竞聘制度,谁都可以报名,部门经理的大门是敞开的,能者上,庸者下。

我设立了很多新岗位,如管家部经理、专职的质量管理员。每天我都会巡查酒店,发现具体问题马上跟绩效挂钩。一次,我发现大堂的灯罩上落有灰尘,部门经理不得不接受 300 元的处罚。

管理从无理开始,这是我平时爱说的一句话。2000 年,我们正处于艰难的转型期,市场的好转还有待时日,员工在心理上还一时无法接受令人眼花缭乱的管理变革。也许正是因为经营的平淡,使得我们有了练内功、抓制度的机会。几年之后,我才能带着团队快速走向西安,走出陕西。客观地说,如果没有那段时间打下的基础,我们后来的一切发展都是无法想象的。

我那时候更多地发挥了性格中强硬的一面,尽管我已经开始注意控制情绪,不再夜半拉着管理人员没完没了地开会,会议尽量控制在 1 个小时。我还把每个月的 15 日定为员工生日会,蜡烛点起时,我无论多忙,都会与员工一起聚餐,真心感谢他们的付出,带头唱起生日歌。但严格管理毕竟是一把双刃剑,没人喜欢头顶上悬着一根无形的大棒。在管理人员眼里,我的许多做法显得有些不近人情,他们时刻感觉自己生活在一半是海水一半是火焰的世界里。

我一意孤行,管理氛围有些肃杀。对不合格的员工,我毫不手软地淘汰,对领导的子女也不例外。我没有给管理人员更多的时间适应新制度,他们离我越近,受到的处罚越重。

他们都是我的爱将,一位员工因为工作质量出了纰漏,踢角线上有厚厚的积灰;一位员工因为擅自请假没有做好交接,他们都被我停职待岗一个月。但这种处罚并没有捅到他们的痛处,工作状态依旧如故,我决定再加加温,于是我告诉他们已经成为普通员工了。他们有些意外,不情愿地说,"能不能给个合适的职位,下不为例?"我没给他们机会,"绝对不行,这次必须这样处理,以后干好了再说"。随后,我当众宣布处罚结果,两个人静静地坐在台下没有说话,沉默着离场了。出乎我意料的是,不久以后,他们成了我最强硬的竞争对手,曾有一段打得不可开交。

各种非议悄悄从四面八方涌来如野草般生长,而我只想着如何收获自己的庄稼。县领导来就餐时发现不见了熟面孔,问我,"那两个小伙子怎么不见了,多好的娃娃呀。"我笑而不答。

一天,我走在路上遇到了老熟人,他半开玩笑地对我说:"听说现在的旬阳饭店成了监狱了,大家都知道你们那儿的日子不好过呀。"

我听了一怔,"监狱"的说法刺了我一下,我想了想告诉他说:"你知道青岛有个海尔吧,它也被有些人叫做监狱。"

在一定程度上,我做事全凭信心与决心,当我决定做一件事情的时候,我不想受任何杂音干扰,无论是来自哪一方的力量,都无法动摇我的想法。而且我也喜欢在第一线战斗,而不是整天坐在办公室里修订政策。不知道这种管理风格到底是优点还是缺点。

我了解国内一些知名企业的发展史,也听说过张瑞敏砸冰箱、鲁冠球把价值几十万元的次品送进废品收购站的故事。在企业的幼年期,总会有一个大刀阔斧推行管理的阶段,当时我也以为应该这样,虽然背负了"恶人"的名声,但管理这把手术刀是对团队的刮骨疗毒。

然而,正当我挥舞着指挥棒着力于团队建设的时候,一场意想不到的外部竞争却从侧面袭来。

感谢你的竞争对手

我喜欢挑战,玩得越大越刺激,我自己曾经也是行业的挑战者,对于竞争对手,我有足够的尊重。我知道优胜劣汰是企业竞争的最高法则,选择了这一行,即使睡觉也要睁一只闭一只眼。别人打鼾的时候,正是我们闻鸡起舞、奋起直追之时;那些后来修成正果的企业,一开始都是局外人。

但这场竞争来得有些不是时候,警报还没拉响,我们就慢了一拍。就在离我们不远的地方,一座崭新的酒店拔地而起,它从出生的那一刻起,硬件就远远超过了我们,而且位于市中心,周围配套设施齐全。我们的酒店设施相对有些老化,周边没什么商业环境,地段不佳是致命伤。

发起这场挑战的不是别人,正是之前离我而去的两名骨干,我的无情使他们决定换一种方式来对付我。

他们似乎很有把握赢得较量,开局也不错,凭借漂亮的硬件,他们分流了大部分的高档商务散客。这场较量很快有点火药味了，他们悄悄挖走了我的一部分员工，包括前厅经理、客房经理，而他们的厨师竟然全部是我们原先的班底。

昨天我们还并肩战斗，今天就兵戎相见，我有些没缓过神来。我没想到自己的强势管理会导致人员的流动，甚至为自己树敌。这时我这才意识到，我忽略了员工的心思，他们的怨言并不是空穴来风，我的做法过急了。好心的领导拍着我的肩膀说，"以前咋给你说就不听呢，现在这样整得你够呛吧！"

该被动挨打吗？由于历史的原因，我们的酒店已经不可能再提升设施功能，对手把我逼到了墙角。

当务之急是稳定员工队伍，他们对我的管理早有情绪，随时都有可能离开。一天早上，我召集所有员工，开诚布公地对大家说："当前我们的形势很不乐观，但问题是下一步怎么做？我们只有提高质量，这是唯一的出路。我知道很多同志对管理有看法，觉得压力太大了，如果大家有新的选择，我充分尊重，会在3个小时内办好所有的手续。不过，我还是要真心地感谢你们这段时间的劳动。现在，请打算走的人向前三步走，我一定为你们办个隆重的欢送仪式！"

我静静地望着大家，等待着事情的变化。没人走出来，我又连续重复了三次，依然没有动静。

我暗自感到欣慰，惊喜地看到老班底的成员一个也没动，他们始终是我最宝贵的财富，是真正的中流砥柱。

不过这件事也使我反思,以后的管理不能太急于求成,要平稳过渡,先铺好路再齐步走,做事也不应太鲁莽。**当团队还没有真正建立起来的时候,伤筋动骨的变革只会得不偿失。**

军心稳定后,我们可以放手出牌了。竞争对手并不是无懈可击,档次虽然优于我们,但规模略逊一筹。我决定,主打餐饮牌,并由原来的公务接待向社会消费转型。对于老百姓来说,我们的菜品有竞争力,家庭消费的热潮很有可能被我们拉动。至于客房,聪明的做法是不能硬拼,把高端市场送给对手,集中力量做好中低端市场。我们的策略可以概括为:避实击虚,有的放矢,建立新的竞争优势。

反击战从菜品研发开始打响,我带着厨师多次到西安、成都学习,任务就是下馆子。遇到一道好菜,我们会现场反复研究它的工艺与配料,实在搞不明白的,我们想办法请厨师指点。为了借鉴一道好菜,我们会耐心地等到厨师下班,然后主动去套近乎,打破沙锅问到底。这种做法已形成惯例,每两个月我们都会外出探宝,每半个月到安康最好的餐饮店取经。

人们很快就闻着味儿来了,我们每个月都推出4道创新菜,同时加强服务,第一次在同业中提出了"不满意,退换免"。如果客人对菜品不满意,服务员现场可以自主解决,不必请示经理。我反复告诉员工:"你就是包间的主人,服务的时候,你就是总经理。"

我们的服务员谁都可以创新,好点子大家分享,他们学会了如何在客人面前落落大方地介绍自己，如何让开场白听起来悦耳，如何把每一个客人送到门口。更重要的是，他们养成了在客人面前做决定的习惯。即使有时候超越了权限，我也不会责怪，事后我们会讨论如何纠正。

为了拉动大众消费，我们制定了全新的菜品体系，调整了菜品价格，普遍降价 30%，推出消费 100 元送 50 元的让利活动。果然，一拨拨的客人纷至沓来，到我们这里过生日，举办婚宴、寿宴等等各种活动，餐饮的局面彻底打开了。当消费的人流如潮涌进时，员工们意外地发现，原来社会餐饮蕴涵着巨大的增值空间。

意外的竞争反而增强了我们的活力，刺激我们创造出新的市场。我们的对手运气就没有那么好了，一开始他们沾沾自喜，以为胜券在握，还托人给我捎话。但三个月后，我们这只"丑小鸭"就打了翻身仗，他们也许并不知道我们的秘密武器其实只是员工。

多年的企业管理使我意识到，员工的潜力是无穷的。两军对垒时，比的是士气，只要有一支忠诚的团队，有一支嗷嗷叫的队伍，心往一起想，劲往一处使，就没有过不去的坎、过不了的河。事实上，应对竞争之际，对团队建设丝毫没有放松，我的管理风格依然强势。

这一点或许与我的个性有关，我容易受环境中一些小事的影响且难以控制情绪，无形中使别人觉得我很难接近。我从心底里羡慕那些有着人格魅力与亲和力的人，当然他出手时必须雷厉风行,如何做到内心世界的坚定,使人愿意接近,同时又敢于铁腕治理乱局,这一直是我修炼的方向。

早期的员工大概对我没有多少好印象,我的脸上常常流露出一种思考时的凝重。我后来才发觉,不管你的内心怎么想,外界所感受到的是你的气场,是他们所见到的。那时候的我还放不下很多东西,如果员工有非常过分的表现,我会和颜悦色地提示他,教育他,像个幼儿园的阿姨,但如果他在一些小节上做得不够,我会感到愤怒,仿佛这些事发生在自己身上一样。

今天的我已经意识到,创业最难的是对一个人心性的磨炼,这注定是一个漫长而痛苦的过程。

招待所的那段时光,可以看作我和我的团队走向成熟的开始,我尝试用管理的思维打造团队,员工们也开始领悟怎样才能做好本职工作,其间的心理波动在所难免,我自己的方式也有值得检讨的地方。如果一定要说有什么收获,莫过于我们找到了自己的使命,奠定了最基础的价值观。

找到使命仅仅是一切的开始,竞争不会因为有了使命就眷顾我,我同样要留意市场的每一次风吹草动。更重要的是,要让我的团队理解使命,带领着他们向同一个目标进军。**有时候我要能横下心来,敢于向传统思维模式挑战,能够忍受一时付出的代价。当很多人都动摇的时候,我必须坚定地立在原地。**

前进而不是后退,是我唯一的选择。

第五章

与你的团队一起成长

21世纪的商业竞争不仅是个人的竞争，更是团队的竞争，你想赢得比赛吗？团队就是你的核心竞争力。

一个有趣的悖论是，人们总是喜欢个人英雄主义的楷模。当一个商业领袖出现时，媒体总是习惯性地为他带上耀眼的光环。我并不否认个人在商业历史中的作用，但我更相信，一个人无法完成比赛，你不能既当教练，又当裁判员。如果没有团队，领袖也就失去了存在的意义。

所有的企业管理都可以归结为三个要素——人、产品、利润，而这三者之中人的因素尤为重要。如果我没有坚强的团队，任何使命和愿景都是空想，我无法凭一己之力去创造伟大的商业奇迹。

我必须始终和团队相依为命，最困难的时候，我唯一可以依靠的，只有那些相信我、帮助我的人。

如果没有一支可爱而忠诚的团队，我无法想象自己能够挺进西安，更无法想象能度过一道道创业的危急关口，走进上海。然而，冰冻三尺，非一日之寒，打造团队要比建一座五星级酒店难得多。

取信身边的每一个人

作为企业的领路人,无法绕过一个永恒的命题:你将把团队引向何方,能给每个人带来什么样的梦想?

构建梦想的能力是企业家的基本素质,也是企业进步的原动力。我的梦想是随着岁月逐渐成形的。一开始,我只想赚钱,过上个人的幸福生活;到后来有一群人聚集在我身边的时候,我感到肩上的责任,如果我满足于一个招待所的经营,即使发了点小财,结果也只能是被时代所淘汰。

环境决定了我们追逐梦想的道路比一般人要漫长得多。我强烈地感觉到,要想赢得整个行业的尊敬,我们只有尽快走出去,真正去闯一番事业。

西安注定是我生命中重要的一站,我的青春与这座城市有着无法抹去的联系。中专毕业的时候我在这里实习,做服装生意时在这里摆过服装摊,做装修时在这里进货,多年来,我已经记不清自己多少次与西安相遇，又匆匆分手。我熟悉这里的每一座高档酒店，当我站在钟楼上眺望这片热土的时候，不止一次地梦想有朝一日能够在这里拥有自己的酒店。2001年，我在还是一块工地的曲江新城买了住宅，把妻子、孩子与母亲接到一起生活，我们有自己的小院，我要报答母亲，让她老人家好好享受生活。

每次到西安，我都会去考察市场，也谈过好几个酒店项目，但由于实力有限，总是与机会擦肩而过。但我知道到西安来对企业意味着什么，这里迟早会是我的舞台，只是还无法确定这一天会何时到来。

回到团队中，同样有一种见到亲人的感觉，随着家乡新一拨建设热潮的到来，我们的生意不错。

一个偶然的机会，曾经承担招待所改造工程的朋友找我聊天，他告诉我在安康的新城河边盖了一栋楼，以前想做商业办公，现在又想做成酒店，需要租给合适的人来经营，问我是否有兴趣。我并没有心动，原因很简单，一来我一直想走出去，二来如果再做一家酒店，那不是自己打自己了吗？朋友非常想与我合作，他认为我是个实实在在做事情的人，如果搞一定能搞好。我当时没有表态。

没想到这个项目还是个香饽饽，很多人都想拿下。过了一段时间，这位朋友又找上门来，再次跟我谈合作的事情，我不解地问他，"不是有其他人找你吗，你为什么非要和我合作呢？"

"交给别人我不放心，酒店一旦做砸了就没机会翻盘了。"朋友向我眨着眼,等待转机的出现。

"如果你缺钱,我可以帮你想办法。"朋友继续追击。

到这时,我才开始第一次认真考虑这个项目。西安暂时还没找到突破口,招待所毕竟是半道接手,在地区我们还没有叫得响的酒店,我马上想起了不久前的那场竞争,以及对手一开始得意的样子。

"我们好好谈谈吧,既然要做,就要超前5年建设。"我不能再给对手任何机会,要让他们输在起跑线上。

我再一次强调:"这回起点一定要高,你投资,我来承包经营,把竞争对手扼杀在摇篮里。"

朋友看起来很兴奋,几乎是不假思索地答应了。正式签订协议那天,我浑身又充满了劲儿,签字一结束,我就拉着好伙伴开车乘着夜色直奔安康市区痛饮了一场,夜里兴奋得难以入睡。

我预感到一场好戏就要开始了,按照我的构想,新酒店无论在档次与规模上都应该压倒群雄,而且要做成陕西县级市里屈指可数的三星级酒店。我们要有最好的硬件,为客人提供最卓越的服务。美丽的画面时刻冲击着我的头脑,一旦认准了一件事,我会开足马力狂奔。

但建酒店并不像想象那么简单,不是谁有钱就可以盖。如果与合作方没有达成理念上的认同,梦想只是纸上谈兵。我们原来的预算分配是朋友投600万,我交第一年的租金200万用于建设,但他想的是如何尽快回收投资,而我想的却是如何打造一流酒店,随着投资的不断加码,麻烦很快就出现了。

我做事喜欢算大账,同时必须比别人提前一步看到未来,但这种预见性总会遇到现实的压力。工程建设投资大大超过了朋友的预想,在我的坚持下,又加盖了一栋副楼,我告诉朋友这是保持规模优势的必需。我自己画出平面图,和设计师一起探讨,但朋友的心却一天天悬了起来。

也许在朋友的眼里,跟我合作看起来有些近乎疯狂,我整夜沉浸在酒店的建设中。终于有一天,朋友找到我,讲了自己的疑虑,直言投资可能要超过 900 万,感觉压力太大,想打退堂鼓了。

对朋友的反应我并不感到意外,毕竟他是酒店的承建方,我不过是承包经营,我唯一能做的是说服他,反复告诉他为什么要超前建设。为了日后的成功,我们必须多投入,开弓没有回头箭。

我无法一夜之间就让朋友理解我对酒店的热爱,而这正是我们深层次的分歧所在。为了让他更切身地体会我这样做的原因,我拉着他与工程队一起去西安、武汉、南京、上海等地考察酒店,一路上,我抓住每一个机会告诉他未来酒店的发展趋势,我近乎固执的坚持让他有些心动。

与其说我在建酒店,不如说是在圆心中的一个梦。如果一个人对一件事情痴狂到入迷的程度,要想得到别人的理解是困难的。我一边要抓进度,一边要随时打消内部的各种争议。

我不知道这场合作对朋友来说是幸还是不幸,两个脑袋各有各的想法,理念的契合比建设本身更难。

只是没想到矛盾的焦点竟出现在是否加建一部电梯上，为此我们僵持了 4 个月。为了让客人能更方便地住宿，减少上下电梯等待的时间，我决定装两部电梯，这意味着朋友必须多投资几十万，他不同意。也许朋友并不是在乎这几十万，而是感觉跟我的合作像个无底洞，投资没有尽头。更准确地说，电梯只是我们博弈的支点，就像围棋里收官时发现一个非常适合的"劫材"。

但我必须把这盘棋下完，我要对整盘棋的走势负责，棋形要完美，实地看起来要坚不可摧。

有一段时间，朋友一见到我，就仿佛看到我额头上刻了"电梯"两个字，他有些不耐烦，我却毫不退让。我知道如果这个问题不解决，以后还会遇到更多的麻烦，最终我们的合作将化为泡影。我找来西安酒店行业的资深人士说服他，但结果适得其反，朋友认为是我特意找的说客。

时间一天天过去，问题似乎被无限期地搁置了，我看在眼里，急在心里，但做不了主，终于决定摊牌。

"这样吧，酒店投资后期增加的部分由我来承担，如果你同意，我们就继续合作，如果不同意，我没信心，现在就退出！"这一回我要彻底解决矛盾，形势已经不允许我们再拉锯下去。我的口气没有商量的余地，有一种破釜沉舟的感觉。他沉默了很久，笑容重新浮现在脸上。

难题就这样解决了，朋友长松了一口气，我离目标又近了一步。当时我并没有想到，这个酒店实际运营后，我和团队将面临比以往大若干倍的压力。一个品牌的锻造常常要支付超额的成本，第一个项目并不能获取立竿见影的回报，但它带来的无形收获，要过很久才品尝得到。

马缰归主后，我立刻放手按自己的意愿干了起来，我恨不得为这个即将面世的心上人配上所有的嫁妆。

我第一时间想起了另一位朋友，虽然当时并没有深交，但我觉得他是个值得信任的伙伴，也是我学习的对象。我们经常在陕西旅游酒店协会上见面，他为人敞亮，敢说真话，追求生活品位，对商业的理解也有独到之处。他比我年长四岁，在西安经营着颇有口碑的主营粤菜的连锁饭店——粤珍轩。

接到我的电话，好朋友一大早就从西安驱车赶了过来，他带着厚厚的行囊，装满了各种所需物品的资料。令他印象深刻的是，他白天只能在房间里睡大觉，因为我没时间，夜深后我们的商讨才开始，连续几天都是如此。那次交往后，我们的友谊更深了一步。

出乎朋友意料的是，最初听说我要建三星级酒店的时候，他心里想，一个县城的三星级拿到西安最多只是二星级，从务实和日后经营的角度讲，能做到西安二星的水平在县级宾馆里评级也足够三星了。谁知当我逐个挑选、比较数百种物品的时候，什么贵要什么，朋友瞪大了眼睛，感到不可思议，"肥肉上没必要加膘"。"你确定真的要好品牌吗？"朋友反复问道。我肯定地说："品质一定要好，一分钱一分货，品牌使用效果好，使用时间长，我们就要做个硬邦邦的三星级宾馆。"

连续熬了两个通宵后，物品已逐项敲定，一个星期后，我赶到西安，半个小时就签订了合同。

梦想正在一点点变成现实，事实上我已经没有退路。酒店后来创造了省里同行同星中的很多个第一。我们采用了当时最先进的智能化管理系统，房间采用了触摸开关，前台随时知道客房的门有没有关，客人是否出门。这样，我们就可以在客人不在时及时清理客房，而不用再唐突地敲门了。此时的我似乎又一次忘记了成本概念。酒店开业后，赢来一片掌声，西安的同行都好奇地来参观。

也许是性格的原因，我做事常常有孤注一掷的胆量，不喜欢瞻前顾后，凡事我总喜欢往好里想，为了一件有意义的事我不惜力气，不过多考虑商业的后果。事实上，很多事情是无法用成本来衡量的，即使算也算不清楚，如果按照常规的路线走，你永远得不到别人的赞赏。

为了迎接自己的新生儿，我为酒店想了很多名字，不光要会"生娃娃"，还要给他一个漂亮的称呼。

我琢磨了一长串，反复掂量着，最中意的有两个：一个是国民大酒店，另一个是美华大酒店。我更喜欢"国民"这两个字，它寄托着我对事业的梦想，一个为中国人提供真诚服务的酒店，那将是一种比家更温馨的感觉，也预示着我们有一天要在中国大地上遍地开花，给人气壮山河的畅快之感。最终理性战胜了情感，我选取了美华,更符合客户心理,也不是那么咄咄逼人。

经过了近 9 个月的筹建,2004 年 5 月 18 日,美华诞生了,这一天后来成为了我们的感恩日。

我感谢合作朋友的理解,虽然过程中的争执延缓了建设的速度,但最终我们愉快地达成了一致。按照常理,建什么样的酒店我是没有足够的话语权的,各自的目标不同,摩擦也在所难免,但为什么朋友肯让出投资的主导地位呢?不是因为我有多少钱,更多的或许是被我的执著所打动,他知道我是在做事情,我们的分歧从来没有超过事情本身。

这个世界上并不缺少资金,你不必等配齐所有的要素后才出发。这个世界缺少的是认认真真做事的人。

合作是一门进退的艺术,你要用对事业的激情去不断感染对方,说服对方,只有让人觉得你是来真的,才有耐心陪你走下去。某些时候,不能一味地固执己见,要懂得退让。必要的话,要敢于承担更多的风险,减少对方的疑虑,见到你把自己的身家性命都押了上来,事情终归会解决的。实际上,换取别人的信任是世界上最难的事情,否则合作注定是一场无言的结局。

不放弃，不动摇

从某种意义上说，美华的诞生是我们新长征路上的又一个起点，也是真正磨炼团队的发展期。

这个新生儿如今已经成熟，当地人一提起美华都会竖起大拇指，它成了我们的标杆、孕育新希望的摇篮、再次出发的平台。但可能很少有人知道，美华的经营压力是在 3 年之后才彻底缓解的。

美华并不是我一个人打造出来的，如果没有全体员工的付出，巨大的投资将把我彻底压垮。这个酒店最后的整体投资超过了 2600 万，大大超出了预算，80%的投资额都来自员工的集资。我只是更多地给大家讲述了美华的意义，它将成为地区酒店业的标杆，而且会为每个人带来机会。我告诉所有员工，美华大酒店将为我们的跨越式发展打下坚实的基础，美华的成功就意味着赢得了未来。

不过，无论我把前景描绘得多么美好，那个时候的美华还是一片工地，他们凭什么相信我呢？

我至今仍为员工的行为而感动，我们没向银行借一分钱，单单靠110多名员工就挺过了难关。他们并不富有，但听说企业资金紧张，都开始各自想办法。有的员工说服家里人，把未到期的定期存款提前取出，交到财务室。有人把房子抵押给银行拿来贷款，把正准备买房子的钱挪用出来。他们动用所有的社会关系，满世界劝说亲戚朋友支援美华，他们诚恳地传递着我们美好的明天，那些苦孩子出身的员工，从1000到1万不等，把仅有的积蓄都拿了出来。

这就是我们的队伍，多年的并肩战斗建立了彼此之间朴素的真情，我们的血管流淌着一样的血液。

很多人感到不解，看到我们的员工为了企业四处筹资，一次次逼亲戚朋友掏口袋，情不自禁地问："这些孩子怎么了，不知道美华咋把你们给收买了。"正是因为员工们的苦苦说项，也引起了人们的好奇，他们想不出一家企业能有如此的分量，与员工竟有着这般同呼吸、共命运的关系。

为了更好地管理这笔资金，我们成立了专门的机构，出台了各项制度，承诺给出资人相对优厚的回报，如果有需要，可随时取走。也正是从这个时候起，我们开始探索股权激励制度，当时规定，员工每工作一年，有5000元股权基金，10年以上每年1万元，5年后兑现。2004年底，我们第一次实施分红股激励，合计30多万元。到2007年，我们又一次支出300多万元分红股用于激励。

实际上，并不是所有人都看好美华的未来，一来我们要同时经营两家店,经营上会面临很多问题;二来那个时候我们的旬阳饭店已不是一枝独秀,民营酒店冒出来好多家,大同小异。在一块商业客源并不丰厚的土壤上,城市的供给量远远超过了市场需求,酒店已不再是一个吸引投资商的行业。

对我们来说,企业的发展正处在一个扑朔迷离的节点上,一方面旬阳饭店承包经营几年后将到期,我不清楚酒店未来的命运,即使续约后重新改造也必须推倒重来,得不偿失;另一方面,如果马上就转战西安,时机尚未成熟,我们不能把辛辛苦苦培育出来的市场拱手送人,而需要更好地稳固。

如果从当时整个中国酒店行业的发展看,机会更多是在大中城市,以如家、锦江之星为代表的经济型连锁酒店正迅速发展,我一度想跻身其中,但在西安暂时没有找到合适的合作对象。可以说,美华诞生的先天环境并不好,我们只有做到区域冠军,垄断当地高端市场才能生存。

开业前夕,我投入了紧张的准备工作中,频繁穿梭于西安和安康之间。为了能旗开得胜,我做出了一个大胆的决定,从西安空降了一大批管理人员,重金请来香港的职业经理人,以及粤菜班底的后厨队伍。我梦想着用一支全新的队伍支撑起美华,在当地刮起一阵迅猛的行业风暴。

开业的前一天晚上,我再一次检查了会场,用吊线检测排列的桌椅是否齐成一条线,窗台上是否有浮灰,窗帘上的蝴蝶结是否系在一个水平线上,再次用抹布一遍遍擦净盆景树上的每一片叶子。多年来，这些行动已经成了我的习惯，企业内部的每次年度大会我都会亲自巡视会场。

如我所预料，5月18成了当地盛大的节日。为了造声势，我从西安请来最好的乐队助兴，我们精心地研究每一个流程，创新每一个节目。所有的新老员工，包括洗衣房的阿姨都来献计献策。我们专门设计了让嘉宾展示风采的环节，请来很多省、地、市领导，当天的节目着实让家乡人开了眼界。当我们请来的著名的特型演员装扮成毛主席的样子，向所有观众频频挥手的时候，人们沸腾了，已经忘记了自己置身于一个酒店的庆典。

仅此一项，我们就投入了20多万元，我要让员工通过这个庆典感到企业的活力与希望，让他们在这里工作有一种尊严感，也要让社会各界人士通过开业仪式感受到美华的风采与魅力。我们喊出了雄壮的口号："入住美华，享受高贵荣华！"，当然除了漂亮的硬件，提供的更是心灵的满足。

但现实很快就给我上了一课，让我有些猝不及防，不适合地方口味的菜品和服务质量让客人大失所望。3年后我们在西安的旗舰店美华国际金唐酒店开业后，我又一次沉痛地体会到这种滋味，重演了相同的悲剧。多年来，如何整合职业经理人与基层员工让我颇费心血。随着规模的扩大，我们形成了"老人开新店，新人守老店"的做法，但这些经验都需要交学费。文化背景的冲突、管理理念的差异、价值观的矛盾，在关键时刻曾一度困扰着我。

我不能说请来的职业经理人没有专业素养，他们大多阅历丰富,有高档酒店经营的经验,谈起酒店管理也头头是道,从这个意义上说,他们是我的老师。但问题总是出现在实际工作中,我忽略了重要的一点:他们中有些人的实战能力并不过硬,既有的经验不足以应付我们的实际。

经营酒店业不同于一般的产品经营,它是一个逐渐滚动的过程,过程中发现问题是正常的,关键在于如何纠正。我的员工也需要近距离接触高水平的专业知识,我希望职业经理人帮助团队快速成长。我当时迫切需要专业人士。

可美华酒店开业一周后,我彻底坐不住了,眼前的一切都令人难以置信,员工们无精打采,做事没有激情,很多细节都不到位,而职业经理人却整日躲在屋子里按时享用着精美的午餐。

亲情化的服务一向是我们的王牌,但在新酒店里却看不到影子,我感觉这里如此陌生,它难道就是我们当初的梦想吗?扭转局势已到了刻不容缓的地步,我终于按捺不住,情绪爆发了。

"3天之内改变一切!"我马上召开全体员工大会,毫不留情地斥责了现状,一条条列举出问题所在。请来的职业经理人红着脸,一言不发,我伤了他的自尊心,他随后就离开了。

结果我们只用了24个小时就改变了现状,一切恢复得井井有条。后来每每想起此事,我仍为自己当时的态度所歉疚。客观地说,出现这种情况我也有责任,我没有给职业经理人足够的时间去改正,沟通方式也欠稳妥,更重要的是,我们的管理制度和操作流程仍不完善。

每个企业都会遇到职业经理人与团队融合的问题,两者像是一对欢喜冤家,你既要保障前者的利益,又不能损伤后者的积极性,选择信得过而又有能力的职业经理人,有时候打着灯笼都难找。

我后来深刻地体会到,**社会人才不等于企业人才,企业人才不等于未来人才**。不管你以前在外面多么辉煌,到新企业工作都应该抱着空杯心态,适应环境是你的第一堂课。社会人才要在企业中成就自己,体现出个人价值,一定要熟悉企业,对企业的为人处世方式和规则充分了解与掌握,对企业里的人也要很快接纳和熟悉。只有在熟知企业后,才能更好地献智献力。

社会人才初进企业,就像老手上新路,企业有必要给其提供熟悉新环境所需的路标、指示牌以及交通法规等等。帮助他们迅速熟悉新环境,了解企业规章制度和行为方法,消除和缩短相互磨合的精力与时间,使他们融入企业,发挥所长。简单的空降不等于万事大吉,企业领导者应该更好地扶其上马,送一程。

然而,换将不是解决根本性问题的唯一出路,艰难的日子才刚刚开始。今天回过头看,美华的投资过高,而价格却受制于地区消费水平,我们没有足够的商务客源,加之成本控制不理想,赢利很难。我们的入住率最低时只有20%~30%,最高也不过50%,每经营一天,就意味着多亏损一天。

反思的结论是,不是三星级酒店的模式不对,而是现实不允许我们快速回收,我们对市场的估计过于乐观了。2004年年底,美华开业仅8个月,亏损100万。2005年底,又亏损了160万,员工的情绪落到了低谷,陷入了前所未有的迷茫之中,我们遭遇了有史以来最大的危机。

更让员工们感到忧心的是,他们觉得失去了依靠。因为此时我正忙于西安餐饮的拓展,已很少有精力再去顾及美华的管理和经营。两头难以兼顾,管理层与基层员工的矛盾逐渐升级,人心不和,士气低落,先后有20多名老员工捎话给我:"赶紧回来吧,这里需要你,我们想念你!"看到各种求救的信息,我突然发现自己处于两难之中。

按照我原来的想法,后方交给有能力的人打理,我则全力以赴突破西安,但没想到后方开始不断出现问题。是继续留在西安发展新业务,还是退回大本营挽救危局?说实话,两方面我都输不起。

我开始意识到自己犯了一个严重错误,美华没有良好的团队储备,后来的新管理者并非专业人士,老员工中其实不乏堪以重用的干才,但我并没有大胆启用,反过来伤害了老员工的心。

裂缝每天都在加深,特别是加深品质管理后对管理人员的严查重罚造成矛盾不断升级,而我却无暇顾忌,两地作战使后方出现了可怕的管理混乱。

终于,一个熟悉的电话号码打来,我预感到事情不妙,对方口气听起来像是最后通牒,"美华十几个部门经理感到不能适应管理,准备集体辞职,也包括我!"不管打电话的人是出于何种动机,但可以想象此时的美华正在塌陷。

这时候即使我马上赶回去也解决不了根本问题,我迅速冷静了下来，尽量保持平静的语调回复，"你们要真正想好去留，晚上回到家再仔细想想，辞职是否是最好的选择，如果真的想好了这是你们最好的选择，就写好辞职报告，我明天就回去批，谁不批谁就是王八蛋！"

放下电话，我再一次意识到问题的严重性，这个信号充分说明了我们的管理现状，虽然第二天我没收到任何报告。

该是回去救火的时候了。在赶往家乡的路上，我开始系统地思考对策，如何拯救美华于危难之中。这时候不能慌张，越是危机越需要理性，很多人其实是被困难吓倒的，只有镇定才能找到出路。

我紧急召开了员工大会，为大家打气："我们在冲锋，大家的心一定要齐，如果企业破产了我们各奔东西，对你们有什么好处？一个人最怕被自己打倒，堡垒都是从内部被攻破的。"

"我们现在该做的事情不是互相埋怨，而是找出路，想办法。退一万步说，如果美华垮了，3年后我照样可以东山再起，可你们怎么办呢？事情发展到今天，大家有情绪可以理解，但我的决心绝没有变，美华一定会有明天！"我注视着所有员工，我要重新唤醒员工心中的愿景。

作为企业领导人我深深知道，危机来临时，所有人都可以选择逃避，都可以倒下，唯独我必须挺住！**太阳有的时候真的会从西边出来，遗憾的是，就怕自己在黎明前最后一刻的黑暗中倒下。**

我们还有未来吗？当初的选择到底对不对？一连串的问题困扰着我，无论如何，我要带领员工扳回这一城。

员工是企业最宝贵的资产

2005 年的春节过得并不轻松,大家都太想扭转局面了,就像在隧道中穿行,盼着早点看到光。

我们的症结究竟在哪里?为了寻找答案,我组织了一次次的经营研讨会,调动大家的智慧共渡难关。所幸的是,我们队伍还没有散,两年糟糕的经营状况并未摧垮集体的斗志,这是走出困境的前提。

我决定启用那些忠心耿耿的老员工,有两位后来的干将正是通过公开竞聘走上了管理岗位。后来事实证明,他们做得一点不比空降兵差,甚至可以说是如鱼得水。他们熟悉地情、人情,善于抓住每一个可能的机会扩大销售,更重要的是,他们从心里把美华当成自己的家,肯于付出。

如果一个人可以撑起一片天空,那么一群人就能打下一片江山,关键是你要给他们成长的空间。

125

正是从这时候起，我们开始探索具有美华特色的管理方式，这对每个员工来说都是新的挑战。我首先精简了组织机构。大酒店的人员配置无疑是人力资源的极大浪费，我不明白为什么一个大堂要配几个大堂副理，早晚的门童有 8 个，每个楼层的领班就有好几个人，这太奢侈了。我们必须削减成本，然后提高质量。这其中也包括提高服务质量。服务质量是我们的生命线，我们不能拿眼前利益去换取未来的长远利益，而是要提高质量，改善服务，一切还需从员工做起，他们中蕴涵着无法想象的力量。

我向来不相信那种拍脑袋的决策方式，事实上当员工带着实际问题问我时，我也没有答案，我更多的是耐心去听，收取了足够的信息之后，我会试着把自己的想法说出来，最后达成一致。这样做的好处是，员工从你这里得到的不仅是答案，还有思考问题的方法，这是企业的工作方式。

管理的妙处在于随机应变，教科书只能告诉你最基本的常识，具体运用时要因时、因地、因人而异。

绩效改革永远都是走出困境的核心动力，在与大家讨论了一个多月后，结合市场的实际情况，我们的激励制度正式出台了。与以往不同的是，新制度提高了管理人员的保底基数，明确了更大力度的奖励措施以及分红办法，给大家吃了定心丸。我吸取以前的教训，开始采用刚柔相济的管理方式，如果 3 个月考核不过关，做降职处理，但在前两个月处罚时不扣工资，期待最后的表现能有所改善。

接下来是统一思想、统一方法。我密集地召开各种主题的学习活动,大家聚在一起观摩市场上最流行的营销、管理、团队打造等方面的光盘,重点学习了风驰公司李践老师的管理课程,所有人都受益匪浅。我的经验是,越是在危机时,越不能忘记充电,急中生智,学习的效率可以得到质的提升。

任何人只要有一点心得,都可以成为我们的老师,学习的气氛空前浓厚。让我感动的是,一位姑娘特别喜欢一位酒店行业的老师,利用休息时间悄悄自费去北京听课,回来后与集体一起分享。作为基层员工,外出听课是一笔不小的费用,一堂课的花费可以抵得上她一个月的工资,但她却舍得花这份钱。

集体智慧的车轮转动了起来,每次学习结束后,大家就开始自发地讨论,结合美华实际找办法解决问题。很多办法都是在集体讨论中逐渐清晰的,各个部门的改革措施实用而有效。我们建立了一支精干的销售队伍,由原来的回款为主转向开拓客户、服务客户,回款变成了销售顺带的结果。每个销售员的业务范围有具体的客户划分,各自负责相应客户的跟踪、调研、征询意见,同时跟绩效挂钩。为了提高销售队伍与专职回款员的配合度,我们设置了整体的效益工资,大家你中有我,我中有你,工作中再不会分你我了,大家都为每个月的部门挑战任务而出力。

通过这些措施,团队重现了活力,我们给员工创造了一种良好的竞争氛围,把工作变成了一场趣味竞赛,单个人拉出去独当一面,合兵一处又锐不可当,开心工作的效率更高了。

前厅部的员工也琢磨出很多提升服务质量的好点子。客人入住、离店与高峰期，由管理人员协助办理，节省时间；重点客户入住 15 分钟后，会收到我们的关怀电话，管理人员会亲自询问："房间满意吗？还有什么需要？如果有需要，可随时拨打电话。感谢您的光顾等等"；客人离店半小时内同样会收到我们的感谢电话或信息，并祝他一路平安；远方的客人我们会留下地址，一个月后会收到我们的问候，过节时我们会寄送贺卡；对于当地的客户，我们每周都有电话或信息交流；销售人员每个月登门拜访重点客户两次，其中一次部门经理必须参加。

我们不遗余力地发动亲情攻势，力争满足客户每一个新的需求点，诚心诚意地征求意见，我们把营销延伸到了酒店之外，给客人一种强烈的感觉：因为一次偶然相遇，却使我们成了一生的朋友。

服务是没有止境的，我们不提倡"顾客就是上帝"的说法，中国人更喜欢来自朋友的关注与关照。我们建立了一套完善的客户服务体系，对于大客户，我会亲自拜访加深感情，我们会经常赠送临时休息房券，每三个月举办小型座谈会，每年举行两次大型的座谈会。

一个人只有热爱自己的事业才能不断出新出奇，这是一种自发的力量，它是那么的神奇。要相信集体的智慧，把集体的注意力引导到正确的轨道上来，这是任何一家伟大企业成功的不二法门。

员工的个性化服务不断地涌现了出来，每一个用心的小举动都会在客户心中投下久久不散的涟漪。客人在用餐的时候，如果听到交谈中谁感冒了，服务员会嘱咐后厨冲一碗姜汤；发现谁说话嗓子不舒服，会送上早已准备好的润喉药；他们知道常客每一道爱吃的菜，如果客户饮酒过量了，我们的服务员会主动提醒他保重身体，甚至不用客户吩咐，就帮客户点上喜欢的菜。

这样的故事每天都在发生，渐渐汇聚成一种特有的"美华温度"，我们的员工成了客户最贴心的生活管家，给客人短暂的时光带来温馨的回忆，点点滴滴的感动不间断地撞击着他们的心扉。

"美华的娃娃就是亲呀！"很多客户由衷地感叹，使员工们有了更强的动力，明白了服务的价值。

在餐饮菜品方面，我们曾走过一段弯路。开业不久，我请来西安最好的粤菜师傅，谁知却不符合当地人的胃口，他们更喜欢旬阳地道的口味。我决定减少粤菜份额，紧贴市场需求，从老店调来精英班底，在酒店临街的主楼上打出醒目的条幅——"亲情服务隆迎宾美华厨师大换班！"

与此同时，培训成为员工生活中不可缺少的一部分。我们把大批员工送去西安学习专业知识，他们中有很多人是第一次去大城市。我会跟大家一样怀着喜悦的心情一路飞奔，一起克服交通不便的困难，我帮着年龄小的员工扛行李，亲自把员工送到宿舍，千叮咛万嘱咐，希望他们学有所成。

员工在一点点脱胎换骨，那些优秀的学员，几年之后可以到

129

当地的任何一家酒店做培训师，一开始他们还有些发怵，不知道自己能否胜任。学员们有时候看到一个小丫头也没放在眼里，但一堂课下来往往心服口服。做酒店这么多年，最快乐的事情莫过于看着员工快速成长，那种幸福是多少利润也换不来的。

我们鼓励员工互相帮助，按照业务技能，将员工分成 A、B、C 三等，开展 A 帮 C 一对一的帮扶活动，手把手地向技术考核标准迈进。对于优秀的师傅，我们会给予奖励，形成谁都以能带人而自豪的氛围。

沟通一直是我们企业文化一大特色，对从事酒店服务业的员工来说，尤其需要心与心的交流。在我的带动下，管理人员开始琢磨各种新鲜的沟通方式，会事前精心营造适宜的交流氛围，调暗灯光，大家围坐成一圈，各自找到一位沟通对象，每人用一分钟说出自己最想说的心里话，然后进行多次轮换，接着是各部门间的沟通。近半天的时间，没有人感到疲倦，这种沟通方式拉近了战友间的距离。

发现了沟通的奥妙之后，我们逐步扩大范围。管理人员分成 8 组，员工组固定，管理人员每 20 分钟换一组，直到每个员工组都轮到，确保沟通和解决问题的细致全面。员工事后说："其实我们不图什么，只要各位管理人员心中时常有我们员工，这就够了！"

实际上，这些沟通方式都是管理人员外出学习时获得的，他们在第一时间运用到了工作中。

打造一支压不垮的团队

前几年热播的电视剧《亮剑》塑造了一位个性鲜明、有血有肉的红军将领形象。在我看来,故事的主人公李云龙其实是一种精神的象征,而他身上所蕴涵的精神力量让我一次次感到振奋。

李云龙曾说过一段掷地有声的话:"面对强大的对手,明知不敌,也要毅然亮剑,狭路相逢勇者胜。即使倒下,也要化做一道山、一道岭,这就是亮剑精神,这就是中国军人的'军魂'!"

对企业来说,一个团队也要有自己的"魂",这个"魂"就是企业的文化和精神。从某种意义上说,它不仅仅是靠某一个人的强力引导,而是靠无数颗心的聚集与碰撞,靠所有员工对企业朴素的热爱。

在美华的创业史上,我永远忘不了 2005 年 10 月那惊险的一幕。当一场罕见的特大洪水向我们袭来时,全体美华人众志成城、精诚合作,不仅保住了酒店的财产安全,而且仅用 3 天时间就恢复了正常营业。

事实上,洪水发生的时候,我并不在家乡,得知消息后已无法第一时间赶回。头一天,虽然政府提前发出了警报,让沿河的单位集体撤离,但洪水涨的速度还是超过了所有人的想象。我们的酒店离河堤不过 20 几米,随时有被洪水吞没的危险,沿河的很多建筑早已人去楼空。

眼看着水位每时每刻都在飙升,员工们首先想到的不是自身的安危,而是酒店的财产安全。尽管管理人员下令所有人赶紧往楼上撤,但员工们却抓紧时间把一楼所有能搬的物品往楼上转移,转眼洪水漫进了酒店,危急之中,员工们不忍心放弃厨房里的那些瓶瓶罐罐,以及总库房里的用品,水性好的员工甚至泅伏在水中,集体传递着每一件物品。事后盘点,我们几乎没有损失任何物品,少数丢失的还被员工追了回来。

第三天,我心急如焚地赶回家乡,看到的却是大家正在并肩清理足有半米多高的淤泥,员工们自发的成立"铲子队"、"清扫队",争取用最快的速度恢复营业。同时,淤泥刚刚清理完,有人已经开始做起了物品归类、烘干、清洁、设备维修的工作,细致到每一个电线的插头。

很多员工昼夜奋战,两天只睡了两个多小时,恨不得一夜之间就恢复原状,到第 3 天早上,我们就营业了。

洪水退却后,当地领导到沿河查看损失情况,惊奇地发现一条街上只有美华酒店已经正常营业,而其他单位甚至连淤泥都还没有清理完毕。在一片泥泞狼藉中,美华创造了一个奇迹。见此情景,领导不禁夸赞道:"美华不愧是一支能打硬仗的队伍,美华精神就是旬阳精神!"

这就是我们的员工,是我们的团队英雄,他们在危难时刻共同渡过了难关。这些年来,我一直觉得亏欠员工的太多,他们的付出应该得到更丰厚的回报,美华的品牌里凝聚着他们的真情。

我并不认为是自己一个人打造了团队,他们自觉地将天然的质朴情感与服务意识融合在一起,他们都有向上生长的欲望,渴望过上幸福生活,并且他们更懂得从自身做起,从脚踏实地做起,我们一同在风雨中成长。一个个平凡的日夜,他们默默地坚守在各自的岗位上,牺牲了对亲人的照顾。

而我做过什么呢? 创业早期不过是口头上的关心、问候,以及一些微不足道的小恩小惠,为他们带些小礼物。当我们还是一张白纸的时候,我不过是一遍遍为他们描绘心中的蓝图,告诉大家我们的目标在哪里;遇到危机,我不过表现出超过常人的一份坚定与镇静,鼓舞大家不放弃。

我认为,只要你像对待心爱的家人那样对待员工,时刻注意自己的一举一动会对员工心理产生什么影响,只要你懂得舍得的含义,给他们物质上相应的回报,其实他们的要求并不高。你只需给他们带来精神上的力量,让他们看到自己的潜能,一旦他们真心地与你一起上路,什么样的奇迹都有可能创造出来。

所以,请用心拥抱你的团队吧。任何时候,你如果背弃了员工,无异于背叛自己的良心,将因此而付出巨大的代价。今天美华的队伍已经发展壮大到 2000 多名, 很多人我已经叫不上名字了,但同样心怀感恩。我想日后自己回忆一生的时候,我会打开记忆中的相册,放映那一张张鲜活的面孔,细细品味那些曾经发生在我们之间的小事。

或许那时候最让我欣慰的,是自己为一个团队注入了可持续发展的价值观。创业的道路上,我们有过共同的挣扎与奋斗,也犯过不少错误,每翻越一道坎,我们都要付出超常的心力。但我尊重他们、信任他们,我爱他们每一个人,他们也爱我,我们为了一个共同的目标而奋斗。

第六章

放大事业的格局

有时候，真正的风景总是在山的那一边。

我是一个喜欢做梦的人，更喜欢睁着眼睛实践梦想，使之变成现实。每到一座陌生的城市，我都没有丝毫恐惧感，反而异常兴奋。我相信只要有一双善于发现的眼睛，哪里都有我们的机会。

事情都是人做出来的，尽管在创业的道路上会遇到种种困难，但没有什么能阻挡我们前进的脚步！

只有不断向前，才能迎来新的天地；只有不断地冒险，生活才有意义。创业本身就是一场没有终点的奔跑，我的经验是，在一般人觉得时机不成熟的时候，不妨有准备地杀出一条血路。

2005年秋，美华的名字让西安人耳目一新，我们仅仅用了3个月的时间就落地开花。初来乍到，对我的员工来说，几乎一切都是陌生的，但我们终于走出了大山，撒下了自己的种子。

这算不上什么奇迹，为这一天的到来，我们已经准备了很久，只要一直盯着目标，愿望就一定会实现。

只有与众不同的想法，才有与众不同的世界

对于一个从事酒店业的人来说，没什么比偏居一隅更让人感到不满足的了。每次与西安同行一起交流的时候，我会小心地递上美华的名片，对方有礼貌地扫上一眼，"听说过，你们做得不错！"

我的身上好像烙上了陕南的印记，很少有人会真正重视我们。他们并不想知道我们是谁，要到哪里去，也觉得没这个必要。在这个行业，我还没有话语权，是一个彻头彻尾的小字辈。

但我不会让这种情况持续太久，我一直有种强烈的冲动，非要在西安做出点名堂来。我熟知这里的每一座酒店，就像熟悉自己的领地一样，只是在默默探寻着登台上演的那一刻，只需一个切实可行的突破口。2001 年起，我就把目光和心思投向了西安，无时无刻不期待着属于我们的天地。每一次往返西安，都会在我的内心增添一份力量，我知道这里迟早是我们的战场。

我的目标是做酒店，这个梦想的放大要从一次美国之旅说

起，我曾经有个庞大的连锁酒店计划。

2004年7月，我与西安业界的几位老总飞赴美国进行商务考察。这是我第一次去美国，从洛杉矶、拉斯维加斯、圣地亚哥、西雅图、华盛顿、纽约到太平洋上的夏威夷，我们这群特殊的游客一路观光学习，与美国酒店协会的同行交流，共同度过了一段愉快的时光。

让我印象最深的是，美国的酒店不评星级，按照硬件设施的不同分为经济、舒适和豪华型三类。我们住的经济型酒店一般分两种：一种是便捷、简单的汽车旅馆，一种是相对更舒适的豪华经济型酒店。当我第一次迈进一家位于纽约郊外的经济型酒店时，心头不觉泛起异样的感觉。

这座酒店离纽约市中心大约半个小时的车程，门口有集中的露天停车场，并不十分讲究排场。首先引人注意的是周边环境，空气新鲜、绿树成荫，像是坐落在一个宁静的花园里。房间很干净，玻璃窗外映衬着自然的美景，外面看不到什么建筑物，房间四壁装饰着富有艺术感的壁纸，卫生间比较大，洁具都是名牌，窗前摆放着一张长宽一米的方桌，四把椅子，供客人与朋友们聊天聚谈，床垫睡上去很柔软。走出房间，大堂面积不大，仿古瓷砖铺成的地板上覆盖着精美的地毯，木质墙面，装饰有壁画和一些独具匠心的小雕塑。大堂旁边连接着一个别致的小餐厅，三三两两的客人在烛光下用着晚餐，气氛优雅而暖人。整个酒店的服务生并不多，但彬彬有礼。

对于来去匆匆的商务客人来说，这里的确是个舒心的栖息地，充满品位，低调而不单调，丰富而不浪费。按照美国的消费水平,每晚只需 90 美元左右,它可以满足你所有必须的旅行需求。

当晚,我特意独自开了间房,反复思考着眼前所看到的一切,突然心中一亮,这不就是我寻找的商业模式吗?我意识到,国内大城市三星级酒店已注定要被淘汰,因为它们无法满足现代人的需求,人们总是会被新鲜的体验所吸引,入住不是简单的睡觉,而是越来越多地追求一种感觉。对于一般的商务客人和游客来说,没必要选择奢华的酒店,而是需要一个温馨的港湾。

这种需求不正是我们的机会吗?我彻夜难眠,感觉美华正在迎来一个酒店业新时代。

回国的路上,我和几位业界老总探讨着中国酒店业的发展趋势。我们一致认为,未来中国需求量最大、增长速度最快的就是经济型酒店,我们可以参照美国的产品模式,结合中国的实际走出一条新路。事实证明我的判断是正确的,后来的如家、汉庭、锦江之星、7 天等快捷酒店其实就是美国经济型酒店的中国版。飞机降落在祖国的那一刹那,我好像已经看到了美华的未来。

发现了机遇就要抓住,我开始筹划如何进军西安酒店业,打算一次做 5 家店,每家店投资 1000 万,同时策划、开业。在我当时的计划中,美华应该以快速连锁的方式横空出世。

至今想起来仍觉得有些遗憾。回到西安后,我立刻开始寻找适合的经营场所,徒步转遍了西安的大街小巷,重点考察主干道。我曾谈过两家店,一家在青年路上,酒店门口是单行道,位置不大好;另一家在西门外,缺点是停车不方便,周边配套不成熟。经过简单的商谈之后，我最终没有心动。事后看，我想是自己错过了机会，有好的想法没有勇敢地去实践。

或许我有些缺乏耐心，过于追求一时的完美。发现机遇时，我还没能理解如何在过程中循序渐进地接近目标。如果我当时坚持按经济型酒店的战略思路做，今天的美华应该发展得更快。

如果你不去做，想法永远不会变成现实。有意思的是，上帝暂时关上了一道门，却为我打开了另外一扇窗，虽然这扇窗小了点，还不能满足我的胃口，但它毕竟让美华以此为契机浮出了水面。

我们当时最大的短板是在西安没有知名度，很多人并不了解陕南，由此带来谈判的时间成本很高。确切地说，不管我对西安和酒店行业有多深的认知，沟通往往只能从零开始，我无法确定对方是否真的理解我的设想，尽管我们有激情、有想法、也有干劲，但只是剃头挑子一头热。

我迫切想打开西安市场，常常翻阅当时的报纸寻找可能的商机。突然有天晚上，一条不起眼的信息引起了我的注意。一家位于南二环某地面积约3000平方米的餐厅正寻找合适的人租赁经营，底下有联系人电话号码。直觉告诉我这里面可能有戏，它虽然不是酒店，但我还是决定试试。

我想得更多的是它的战略意义，既然一时找不到挤进西安酒店的切口，何不换种方式绕道前行呢？我当时并没有意识到，这个突如其来的想法从某种程度上将影响到美华的发展模式，到今天我们仍是两条腿走路：一条腿是定位介于五星级酒店与快捷酒店之间的精品商务酒店，它是我们未来的主攻方向；另一条则是服务于大众的社会餐饮，它可以为企业发展提供现金流的保障。

从一定意义上说，这条信息的出现是个战略上的意外，如果我们集中精力做酒店，可能会发展得更快，但问题是机会迟迟没有出现。我是个做事风风火火的人，喜欢先干起来，事后再评估得失。另一方面，从行业的角度讲，餐饮的发展同样不可想象，只要肯用心做，同样可以创造出自己的商业王国。值得反思的是，战略决策有极强的时间性，过了那个村就没有那个店了。

电话接通之后，对方对条件答应得很爽快，看来是急于出手。第二天一早，我就按着报纸上的地址前往察看，第一印象是面积比较理想，有一定规模，缺点是停车场很小，正处在高架下面，门面不起眼，很容易被来往的车辆忽略，附近没什么常住的消费人群，像是个被遗忘的角落。这些缺点对做餐饮的行家来说，足以望而却步，没有人气就没有未来。

做还是不做？这到底是一块烫手的山芋还是带肉的骨头？我带着疑惑征询了当地做餐饮的一些朋友，包括我最欣赏的好朋友、粤珍轩的主人，得到的答案都是否定的，没人看好这家已经做死了的店。

世界真小，我早已不是第一个对这家店感兴趣的人了，在它关门后，前后有很多人考察过。

"你知道这家店原来叫什么名字吗？"朋友笑着问我，我摇摇头，"它原来的名字叫粤都锦，是咱们西安做达芙妮的老板开的，摆明了是要学我们，还想从我们这里挖人，但开了20多天就歇了,后来又调整定位,没经营几天又歇了。我们也去考察过,觉得停车不理想,没有接手。"

看来这家店还有很多故事,我的好奇心被彻底勾了起来。朋友接着说:"前一阵我又带着同行去考察,论证了半天,还是觉得位置不方便,客源没保证,做起来风险太大,吃不消的。"

直觉告诉我自己的判断是对的,反对的意见越多,恰恰预示着成功的机会越大。

没几天,合同就签订了。我喜欢速战速决,对效率有一种发自骨子里的迷恋,看准了就干。

更重要的是,我的想法不能老是在西安空中飘,美华必须尽快落地,哪怕只是一个舢板,我也要跳上去。我知道做一家餐厅只是一个开始,一次突破西安的练兵,它的意义更在于美华品牌在西安的确立,只有这样,我们才能在酒店行业找到更大的机会,相信我们做事的确有一套。

我就这样赤手空拳地拿下了一家无人看好的饭店,在当地没有团队,没有熟悉市场的管理人员,我正面临着一系列整合资源的问题。

一件事情已经决定后,我不喜欢无谓的犹豫与徘徊,这一仗我们必须赢,而且要赢得漂亮。

我并没有放弃做酒店的梦想,只是在新的行动中等待。从道理上说,餐饮与酒店的服务理念有不少异曲同工之处,它们同样要紧紧抓住客人的心,最关键的是,它们都必须在最短的时间里

143

一炮打响。我们以前在家乡做到了最好，我相信在西安也一定可以受到欢迎——西安，我们来了！

把一件简单的事做到极致

相对战略而言，执行是一个连续不断的过程，一个好的想法只是起点，接下来的行动才能保证战略达成现实。太多的企业不缺乏好的创意和梦想，但在实践中却常常走样，功亏一篑。

执行力意味着行动迅速、反应及时、一切以结果为导向，而且必须制订周密、翔实的作战计划。

我深深体会到，执行力不是一个抽象的概念，为了达到预定结果，必须有一支训练有素的团队。

应该说，我们在西安的第一个落脚点有着一定的风险。中心城市餐饮行业的竞争异常激烈，它先天的门槛低、回收快使得无数有剩余资金的人都想跻身其中。于是一面是空前的火爆，另一面是你方唱罢我登场，真正能做成功的人并不多，顾客们也很容易喜新厌旧，忠诚度不高。

顾客对餐饮的需求非常复杂，菜品是否可口有新意，服务是否到位,地段是否方便,场所是否体面,能否做到百吃不厌。随着他们的口味和感觉越来越挑剔,一个新餐厅要想脱颖而出并不容易。最难的是建立成熟的管理模式,保持持久的生命力,以及打造一支整齐的团队。

这是一个典型的自由竞争的市场,也是一场零和博弈,一个地域的客流量毕竟是有限的,你要想法抢别人的蛋糕。

从内心里我不只想做好一家餐饮,还要借此打出美华的品牌,在异地建立我们的文化与队伍。也就是说,初衷决定了我们不仅要成功,而且要引起轰动,在西安的餐饮界掀起一场风暴。

做餐饮并不是蓄谋已久,更多只是我的灵机一动或是退而求其次。与此同时,当时正逢我第二次到北大学习,每月往返北京一趟,来回4天,还在西安报名参加了领导力培训课,每个月要上三天课,课外要参与各种公益活动,最大的挑战是时间。

遇到的第一个难题是厨师从哪里来。没有好的厨师团队,餐饮经营无从谈起。全部从家乡输血是不现实的,美华大酒店正迎来第一个收获期,需要进一步稳定,那么西安的厨师凭什么投奔我们呢?

我们的员工发挥了重要作用,家乡的厨师长听到筹建餐厅的消息后,迅速带领3个伙伴到西安寻找绵阳老乡,做餐饮的都知道,川菜以其独特的口味风行全国,且四川盛产厨师,可谓卧虎藏龙。

接下来的问题是如何招聘第一批员工,我们不了解西安的行规,于是在当地发行量最大的报纸《华商报》头版上打出了醒目的广告,谁知来应聘的人数远远达不到需求。更有意思的是,这些人都是来应聘管理岗位的,想当经理的就有40多人,没多少人愿意干基层员工,一问才知道,我们的广告星期天出版,下星期一必须开始招聘,可我们却一周后才开始面试。

第一次招聘并不理想,尤其让人失望的是,来的大多是些素质比较低的员工、其他饭店的编外员工、多余的杂工,个别的看起来还流里流气,我无法想象这样的散兵游勇怎么打仗,心头不觉一凉。

实际上,这种现象具有一定典型性。中国的国情是劳动力严重过剩,餐饮行业属于劳动密集型行业,一般情况下,员工并不需要很高的文化素质。餐饮行业简单的重复劳动无法激发员工的热情,同时企业也缺乏责任感,"愿意干就听话干,干不好走人"的思想导致整个行业员工流动率高得惊人。久而久之恶性循环,员工抱着打工的心态,根本谈不上共同的事业。

我们又发广告扩招了一批员工。接下来,就是严格的训练。在对待员工的培训上,很多人有顾虑,既然行业流动率高是不争的事实,又何必花冤枉钱呢?但我相信这个世界上没有一个不想好好干的员工,一旦他们找到了平台,即使由于某种原因离开,帮助员工成长是企业家最起码的义务。

我们大概是西安餐饮界第一家舍得投入,对全体员工进行拓展训练的企业。近100名员工在两个月的时间里,先后接受了基本业务技能培训、为期一周的民兵训练营军训、生命再造培训,以及到旬阳美华的实地培训。除了请各个方面的专业老师,我本人也亲自上阵,对员工进行美华文化和理念的教育。我并不心疼花费,仅仅3天的生命力再造课程培训,每人学费500元,两天拓展培训每人300元,仅此两项就累计支出15万元多,所有培训累计花销几十万元。

今天很多员工仍能清晰地记得当年培训的情景,这在他们之前的职业生涯中是无法想象的。他们中大多数人第一次接受正规、系统而严格的专业培训,不管他们昨天来自何方,进入了美华就是我们的孩子,我要让他们每个人都感受到企业的温暖。我不能保证所有的人都能成材,但如果100个人里能培养出几个干才,我认为也值。

为了最大限度地保证培训效果,我们在具体环节上费了很多心思。首先是沟通——我们将员工分成若干小组,每个人每天交一分沟通表,要求员工至少要了解3个其他员工的姓名、籍贯、家庭情况,或是有什么爱好等等,每交一份沟通表得一分,规定每个人之间都要充分沟通。只有相互熟悉,日后才能更好地协作,我不希望看到彼此漠不关心的样子,美华的"家文化"必须落地。

其次,我们在培训中开始着力营造团队竞争的氛围,员工分成不同的组后,每个人都有自己的团队,谁做得好,就可以为小组添分,反之个人行为也会影响到团队。你迟到了,本人扣两分,小组扣一分;培训场地的卫生自己搞,下一班的团队进场后如果发现不合格,值日的团队要扣一分;搞晚会的时候,小组的前三名分别会得到 15、10 和 5 分,总之比赛无处不在。

我们花钱买淘汰,业务考试 80 分以下的淘汰,没有商量的余地,80 到 90 分的需要补考,95 分以上个人奖一分, 小组奖一分。同时我们有着严格的纪律,比如吃饭有浪费行为的立即除名。

培训本身也是一种创新,我要细心地考究形式。从某种意义上说,形式决定了效果,内容要丰富,节奏要张弛有度,重要的是要让每一个员工自觉地融入到团队中来,潜移默化地影响他们。

鼓励说真话历来是美华文化的一大特色。从培训一开始,我们就刻意营造这种透明而积极的氛围。我们会要求每个接受培训的员工交一份贡献表,记录你今天给哪些人提了什么意见,他的什么事情没做好,越具体越好,而不是笼统地说某个人训练不认真、衣服不整齐、精神状态不好等等。同样,在日常管理中,我们把管理人员互相提意见换了个说法,称之为献宝。我们反对那种大家表面一团和气、心里各揣冷暖的企业作风,提倡相互鼓励与监督。

为了达到开诚布公的效果,我们还设计了如果某个人提了意见,应该请当事人出来为你证明一下,有人证明你就可以增加一分。在这样的激励下,大家很快就养成了互相帮助的风尚。

我相信,两个月的培训对很多员工有着持续一生的影响。他会记住团队间的点点滴滴,那些感动的瞬间,那些烈日下默默流下的汗水,那些战友间亲切的目光,以及所有真情的拥抱、掌声与欢呼。

很多员工没有想到，我们的培训过程中充满了的温暖。无论多忙，我经常会到现场看望他们，嘱咐加强他们的日常伙食，为他们送去新鲜的水果。如果小组综合评分获得第一名，队长会得到现金奖励，组员会得到食府 300 到 1000 元不等的消费券；如果平均分数达到 90 分以上，我们还会给班长 2000 元的培训金用于以后的学习等等方式，让大家享受学习的快乐。

记得生命力再造课程结束那天，我特意穿上了笔挺的西装，踏着轻快的步伐来到现场。100 名员工们静静地围坐成一圈，我为大家的收获而感到自豪。我逐个走到每个员工面前，送上我发自内心的祝福，告诉他"你是最棒的"。随后，单膝跪地，亲手在他们的右腕上一一系上丝带，我的眼睛有些湿润，员工的目光里也跳跃着真情。对每个人都会认真去做，几个小时后，我仍在重复同样的动作，没有一个员工觉得枯燥，我不知道他们各自都在想什么，但当时可以听见每个人的心跳。

当仪式结束后，员工们一哄而上把我紧紧抱住的时候，我知道从此我们的心紧紧连在了一起。

事实上，美华食府后来的成功没有什么秘密可言。我们的员工起点并不高，有的甚至连最基本的业务技能都从没认真学习过。唯一的不同是，我们在改造员工的思想认识、行为方式以及心智模式上狠下了一番工夫，为此我们虽然付出了几十万元，但获得的长远回报却是无法计算的。

两个月的强化培训起到了一石数鸟的效果。其一,员工们兴趣盎然地走进了美华文化的大熔炉,感受到了我们赖以生存的价值观;其二,重新找到了投身餐饮行业的尊严与使命感,学会了对自己和团队负责,开始了新的人生;其三,充分了解了美华的全貌,对企业未来的发展充满信心。

　　欣慰的是,我们的苦心没有白费,第一批新员工中涌现出了很多骨干,今天他们已经承担起独当一面的重任。更重要的是,他们已经学会了如何领带新队伍,如何传递美华生生不息的文化。

　　有了面貌一新的团队,我对食府的成功有了初步的自信,我决定接下来以亏损 3 个月的代价来上演一场好戏。

谋定而后动,不打无准备之仗

2005 年 9 月,位于南二环的美华食府一夜之间浮出水面,着实让西安餐饮界吃了一惊。到今天,我们已开了 4 家连锁店,美华食府成了陕西地方饮食文化的重要代表,它究竟是如何诞生的呢?

做餐饮对我们来说不是一件难事,我们的目的只有一个,就是要告诉西安人美华食府就是陕南文化,陕南文化就是美华食府,要把两者紧紧联系在一起,确立我们的唯一性、权威性与排他性。简单地说,就是要在人们的大脑里打下不可磨灭的烙印。

首先要告诉消费者:"我们是谁,我们从哪里来。"对西安来说,我们的意义不是又多了一家餐厅,而是一种无法拒绝的选择,一种独特的价值体验,甚至是一种熟悉而又陌生的饮食文化。

众所周知,中国的餐饮文化博大精深、源远流长,公认的有八大主流菜系。但随着大众消费时代的来临,传统菜系也在不断翻新,同时为各种藏之深山的地方菜提供了抛头露面的机会。人们不会满足于一种固定不变的口味,渴望尝新尝鲜,这种潜在的需求为美华食府的出击埋下了伏笔。

正是基于这种想法,我们一开始就决定打家常菜牌,将自身的核心优势发挥到极致,我们不做利润高的粤菜,也不做满大街都是的川菜,必须另辟蹊径吊起西安人的胃口,带给他们新的满足。陕南菜融合了川菜、湘菜与粤菜的做法,尤其在用料方面就地取材,讲究原汁原味。

美华食府承担的特殊使命使得我们必须创新,不能简单地照搬家乡的经验。在菜品开发上,我们扩大了采集范围,跑遍了安康地区所有的特色餐饮,每发现一道经典菜肴就将其列入清单中,然后跟踪追击它的原材料出处,什么地方的豆腐好,弄清楚什么地方的腊肉最香,山野菜到底采自哪里。为了保证风味独特,我们翻山越岭跑到乡下的农家挨家挨户寻购腊肉。

营销概念不仅仅是口号,必须有实际行动的支撑,我们提出了"自然、绿色家常"的理念,并且说到做到。我们的采购负责人脑袋里有一张活地图,他们闭上眼睛都知道每道菜的原材料是哪里出来的,如果质量发生了波动,他们会第一时间奔赴现场探究原因。

一次,我的一位亲戚拉了满满一车自家熏制的腊肉到西安,没想到被我们的厨师长拒绝接收,他感到诧然。因为按照流程规定,他的腊肉无论肥瘦比例、薄厚还是工艺,都无法与正宗的陕南腊肉媲美。尽管他很不情愿，最后还是不得不拉回，也终于知道了美华食府是个挑剔的客户。

　　菜品的全方位开发只是一方面，虽然我们的理念暗合了人们逐渐走出暴饮暴食、回归健康的心理需求。但接下来我们面对的是如何启动第一轮市场，如何让第一批顾客蜂拥而入，形成滚雪球效应。我们的劣势是显而易见的，没有知名度，陕南菜的口味还不被大家所认知，我们不知道价格究竟该如何定位才能拉动市场，必须找到攻取市场的一系列手段。

　　定价是个颇费精力的课题，陕南菜的特色决定了它不能走高端路线，价格要平易近人，但如果太低又无法持续经营。需要建立合理的价格体系，找到均衡的价格点，薄利多销。

　　于是，我们开始研究市场层次相似的同行，锁定了如川渝人家、百姓厨房、小贝壳、国力仁和等几家在西安做得不错的餐饮，亲自去体验消费，琢磨他们为什么成功，有哪些经验我们可以借鉴。

　　我们最关心的是他们的定价水平和客人平均消费。一面派人去现场收集信息，另一面，在营业高峰期，销售人员蹲守在饭店门口的马路对面，像数豆子一样数出这家饭店在高峰期的平均客流量。然后，按照平均菜价和客流量测算出它一天的消费收入大概是多少，成本多少，保本收入多少，我们自己又该确定怎样的平均价位，怎样才有竞争力而又有合理的利润。

　　为了号准消费者的脉，我们想出了一个笨办法，让顾客参与到价格体系的制定中来。

尽管我很想成功，但并不打算追求暴利，所有的菜品都按分量分成大、中、小份三种。教会员工 5 人以内推荐小份，5 到 8 个人推荐中份，8 人以上推荐大份，不同分量采用不同的价格。

餐饮与酒店一样，不仅要满足顾客的实际需求，更要满足他们的情感需要。我们在服务方面下了很多功夫，要让每一个顾客到美华食府来都体验到家的感觉，一个细微的举动就能牵动他的心。

正式开业前一周，我们为每一位前来体验的顾客发放美华的宣传单页，以及我们的内刊《美华风采》，让客人更全面地了解美华。后来养成习惯后，客人一到食府就找《美华风采》看，否则像少了点什么。就餐结束后，服务员会送上印制精美的订餐卡，卡上的图案是十二生肖，背面印有当年的日历。我们还制作了客户联系卡，如果发现客人在应酬时忘带了名片，可将姓名、联系电话写在卡片上代用。我们的服务员也会把客人的信息及时地输入电脑，方便平时问候客人。客人再订餐的时候，我们也能一接电话就报出他的姓名，让他觉得心里暖洋洋的。

在随时满足客人的不时之需方面，我们同样费尽心机：大厅里有便民茶，包间里有便笺纸、方便客户提东西的便民袋、免费的筒装招待烟；如果客人还差点量再叫酒又喝不完，我们准备了免费的家乡特产酒；每个包间配有一台电视和影碟机，还有醒酒药、胃药、消食药等。除此之外，每个房间还有充电器、电话，如果当众打电话不方便，我们还特意准备了两部公共免费手机；我们还发明了手机袋，以免客户的手机溅着汤水。当你仔细琢磨一件事

155

的时候,会发现创新的空间无处不在。

很多餐饮同行都悄悄学走了我们的服务,包括后来很火的海底捞就复制了手机袋的做法。与一般的饭店相反,在西安我们依然沿用了家乡"不满意,退换免"的做法。大城市鱼龙混杂,什么人都有,服务员担心有人存心占便宜,还真有这么一个主儿,一盘辣子鸡就连续换了三次,服务员着急地跑到我跟前告状,问怎么办,我笑笑说:"不怕辣就让他吃个够,重要的管住他的嘴。"我们不能忽略任何一个客户,需要人气和口碑,吃点亏又算得了什么。

"放闸前首先要蓄好足够的水"。一切准备就绪后,我们要跟消费者来真的了,在分析了当时的客源结构之后,我们决定利用乡情发动陕南客户前来品鉴,他们成了我们第一批真正意义上的客户。

随后我们展开了大规模的赠送攻势,周边300多家客户每家提供500元的免费消费券,针对老乡每人赠送2000到5000元不等的消费卡,仅此两项就投入40多万元。有员工不理解我的做法,说哪有这样做生意的,还没开张就往外送,其实这不过是一种市场推广策略。我明确告诉员工:"美华食府要想在西安迎来开门红,我们先要准备亏损3个月。"

经过一段时间的市场预热之后,正式开业的日子快要到了,美华面临着如何引起西安人关注的问题,也就是人们常说的市场引爆。在了解了常规的做法后,我决心展开一场前所未有的立体轰炸,这种做法对一个餐饮来说也许有些用力过猛,但我看重的是"美华"两个字在西安上空快速响起。

市场推广的奥妙在于,你不能平均分配兵力,而要集中所有的力量瞬间形成密集的火力网。一夜之间,西安的主要干道上树起了150多面路牌广告, 食府周围绵沿几公里美华的彩旗飘飘,我们的口号是"自然、绿色、家常——来自陕南的家乡土菜",到第二个月, 为了争取更多的高端顾客,我们的口号更加咄咄逼人——"土菜+粤菜=土洋结合的完美演绎"!

西安人在我们的呐喊中苏醒过来,美华的声音无处不在。翻开当地的主流媒体,有我们的首版广告和夹页广告,在长达两个月的时间里,我们占据了两个最受欢迎的频道,一天几次连续不断地播出,十一黄金周期间,我们一周的广播频道费用就高达5万;电视的美食娱乐频道同样有我们的身影。就这样,美华食府横空出世。

短短几个月后,美华食府开始赢利。一直到今天,每新开一家食府,品牌有了快速复制的能力,我们想得更多是如何精准布点。食府已经成了下金蛋的老母鸡,这种繁殖能力,与当年的大手笔投入,尤其是品牌塑造是分不开的。

2005年10月金秋时节,望着涌入美华食府的人流,我对眼前的一切并不感到意外,但却总是有些兴奋不起来。食府让西安人第一次知道了美华, 但它毕竟只是我们挺进西安的一个前奏,还没人了解我们在酒店行业的专业能力。食府的成功只是曲线救国,离真正的目标还很远。

为什么不投一个三分球

从某种意义上说，美华食府增强了我们的自信，但同时也有些不满足。仅仅靠一家餐厅让西安人认识不是我的初衷，我们应该有更大的动作。另一方面，美华想要真正起飞，也需要更大的锤炼。

学生时代我喜欢打篮球，引以为傲的是，我曾经当过学校女子篮球队的教练。每天早上领着一群青春活泼的女同学在操场上蹦蹦跳跳训练，男生们总是投来羡慕的目光。在篮球场上，我并不是对抗能力最强的前锋，但我有个爱好，喜欢出其不意、中长距离地投射三分球。

你不可能保证百分之百的命中率，但如果投中一个，观众就会骚动，我用三分球证明自己的存在，那种快感是加倍的。做企业也是一样，只要有一线可能，我就忍不住跳投。

美华食府成功后，我不停地思考着企业未来的发展规划，我们不能停留在一家店的成绩单上，要再一次寻找新项目。做经济型连锁酒店的愿望仍日夜拉扯着我的心，欲罢不能。

也许过去我犯了经验主义的错误，我太熟悉酒店了，以致对基本要素的要求过高，放弃了机会。不过这一次我打算从头再来。很快，一家主体工程已大部分完工的酒店进入了我的视野。

业主方是位女老板，我联系了几次，都没有见上面。对方问："你们是哪里的？"我满腔热情地回答："我们是美华食府的。"做餐饮的想搞酒店，我不知道对方到底怎么想。"你们以前做过酒店吗？"对方接着问。"我们做了陕南最好的酒店。"这样的回答对方听起来一点也不兴奋。

磨了很久后，终于见到了那位女老板。也许是我的诚意打动了她，我有了第一次全面介绍美华的机会，对方饶有兴趣地听着，我看到了曙光。对方提出一次租10年，租金2000万，租金一次性付是1500万。条件本身并不苛刻，我相信接手一定能做好。

可两个月后，我们仍在谈判。我将那位女老板单独约出来，讲述该如何做好这家酒店，她也频频点头，但总没有实质性进展。每天晚上我在家里都谋划着酒店的经营方案，对方却总是不冷不热。我不想放弃，同时也有信心做好，直到有一天，对方淡淡地说了一句："我们正在和上海的一家公司谈。"我还不至于傻到听不出这句话的真实含义，一句话，我们不够格。

强扭的瓜不甜，我决定不再浪费时间了，如果对方不信任你，说什么都没用，我感到自尊心受到了伤害。

走出约谈地点，夏日的晚风迎面袭来，我却感到一丝凉意。举目四望，西安老城里已是华灯初上时分，街上人来人往，厚厚的城墙一如既往地沉没在日复一日的夜色中，阵阵欢笑声从附近的街头公园里传来，但我却体会不到他们的快乐。夹杂在喧闹的人群中，我的内心无法平静，我知道自己不能过多地责怪对方，或许现实就是这样，没人愿意相信一个来自陕南的酒店人。

猛然间，我决定杀向西大街鼓楼东侧的一个地方，那里有一座早已完工的大楼，我记得自己曾试探过两次，由于租金太高，规模过大，拿到手里有点沉。这一刻，它突然从我的脑海跳出来，也许是刚受了刺激，两个月的谈判因为一句话而付之东流，我想豁出去了。

我像个听到冲锋号的士兵一样没做任何犹豫，甚至没做过多的思考，驱车直奔目标，我告诉自己这回要一击命中。但实际上，这个项目与我刚放弃的酒店相比，无论规模还是档次都不可同日而语，它远远超过了我们构想中的蓝图，看起来是那么高不可攀，分明是一次更冒险的赌注。

这回我的运气不错，当我找到这家业主的时候，大楼主人正好在公司。我做了简单的自我介绍。

"呵，以前听说过你们，你们想咋搞？"老板语调平静地问道。后来我才知道，一家台湾酒店公司为此项目已谈判多日，暂时卡在租金价格上，双方正处于僵持阶段，我是半路杀出来的程咬金。

我诚恳地告诉他，我这次来是想认真地谈一谈，美华有很多年的酒店经营经验,在西安餐饮也做得不错。我们与同行的最大不同是把酒店当事业做,未来要在西安至少做 8 家,还要向全国拓展,做中国一流的酒店,这个项目很适合做我们的形象店。

老板耐心地听完,端起桌上的茶杯,吹了吹水面上的浮叶,微微呷了一口,继续问道:"酒店投资很大,你们有那么多钱吗?"

"既然我们决定干,就一定能筹到钱!"决心、热忱和信心是我现在唯一的武器。

我接着加码:"以前我们与你们下属谈过,因为租金太高,我们无法承受,我相信只要租金合适,我们一定会很快把它做起来!"

"凭什么?"老板望着我,像是在我的脸上仔细寻找着答案。

"第一,我们做酒店已经 9 年了,有丰富的经验;第二,未来 100 年我们还要继续做酒店,过去能做好,未来更要做好!我们把酒店当成终生的事业;第三,与任何人合作我们都不会只想自己的利益,以前与别人都合作得很好!"这是我的肺腑之言,事实上,这样的话我不知说过多少次了,但理解的人屈指可数。

我必须表现得更有底气一些,接着说:"我们也正在与另一家谈,希望你们好好考虑,出一个合适的价格。"

当我一天连续两次走出谈判大门时, 好像穿越了两重门,我深吸了一口气,暗自决定一个月拿下这个项目。

就美华当时的实际情况而言,这个项目的确是一个不可思议的三分球。但机会就在眼前,作为我们的旗舰店,它可以一举告诉世人美华不同凡响；如果做好，我们将极有可能成为陕西酒店行业的主流，打开一扇通往未来的大门。奇怪的是，我有种直觉，谈判有成功的可能，但如果没有回音也毫不意外。

熬了 3 天之后，对方竟回信了，我们再一次聚到办公桌前，问题的焦点很快落到租金价格上。

谈判总是一件磨人的事情，做人要算大账，做事要算细账，我们不能花冤枉钱。一来二往，租金从 800 万谈到 500 万，看来还有下降的空间，我耐心地等待着最后的时机。

这个项目并不是无懈可击，它的定位不清楚，业主方计划一半做酒店，一半做餐饮，剩下的商业部分已经营业，但生意冷清，当时的西大街作为政府重点打造的仿古一条街还没有人气。我估计对方也急需资金投入，不想陷进去，他们最大的弱点是看不清未来这个项目的价值。

这时候的我时常沉浸在莫名的兴奋与幻想之中，我仿佛已经看到我们的招牌在古城的夜色中闪烁，站在最高层，客人可以俯瞰这座城市的两个历史地标——鼓楼和钟楼，万家灯火尽收眼底，大有一种"会当登绝顶，一览众山小"的气概，我感觉自己从未离梦想如此近过。

但同时我也有些忐忑，经验告诉我，旗舰店投入大、成本高，收益不会太大，会不会吃不了兜着走？我禁不住请一位相知多年的老朋友把把脉，这位朋友听了情况后有些神秘地告诉我，"你那个地方位置好，在闹市中心，会有好戏唱，但要费一番周折。"

朋友的支持使我有了更强的信心,决定继续出价,最多出到300万,我不知道对方能否接受,那么,万一谈不成怎么办? 如果对方不退让,究竟做还是不做? 我心里苦苦地斗争着。

很快,对方又打来电话,提出见面正式好好谈谈,临近谈判时分,我仍然无法确定能否如愿。

"你们想好了吗?"老板不动声色地问我。

"美华做事业早就想好了,信心是坚定的,现在能不能做关键取决于租金,如果租金合适,我们马上成交,半年后建成开业!"我不能给对方太多的考虑时间,要让他们相信我们是做事的人。

"此话当真?"老板似乎有些触动,探着身子问。

"百分之百!"我坚定地说。

对方出招了,"这样吧,再加50万,少一分我们就很难合作了。"

我没有让步,不知为什么,反而显得异常坚定了,"多加一分,我们都没法做,现在的价格是我们最大的诚意! "

对方摇摇头,"你们再考虑考虑,能加的话我们再谈"。房间里的空气有些沉闷。

"我们没有能力再加了,如果能够合作,以后我们可以考虑在租金方面给予更多的回报,希望两天后给个明确的答复。"我没有任何迟疑地说,为对方只留了两天的考虑时间,48小时见结果。

没有比这两天更让人兴奋而又焦虑了,我期盼着电话响起,又担心听到的是坏消息。

两天过去了，没有任何动静，我的心再一次悬了起来，就在我觉得有些失望的 3 天后，对方出现了。

事情的结局出乎我的意料，老板没有再谈项目，突然转移话题拉起家常来，"我们到你的老家问了问，知道你为人讲义气、厚道，我们也希望打交道的人能真把事情做起来，听说你还是个很孝顺老娘的人。"

谈判发生了戏剧性的变化，我们的关系已不仅仅局限于商业，刀光剑影的氛围瞬间松弛了。

"我就认孝顺老娘的人，这样吧，这个项目给你了，再加 20 万就可以了。"老板带着一口浓浓的河南乡音说道。

"真的谢谢您对我的赏识与认可，这个项目我们很想合作，但经过多次测算，已经没有提高的空间，如果可以，我们今天就决定下来，马上成交，如果不能决定，那么很遗憾，我会另做选择！"

老板沉默了一会儿，独自走出办公室转到另外一个房间，过了一阵又进来说："我看你这人也比较实在，300 万就 300 万好了，只要一次性把一年的房租交清就行，我们也不想浪费时间。"

我没有立即答复，提出要回去和公司的管理层商量。等我再一次见到他的时候，我们已经成了无所不谈的朋友。

没想到在一次性付款方面，对方第一年没有变，却在以后每年租金上交方面做了让步，接下来是一个个细节的具体商谈，一周后，我们签约了。

签约那天，我起得很早，独自去家门口的公园跑步，舒展身体,回来冲了个凉,换上最昂贵的西装,带着妻子赶到美华食府,最后签约的文本已经静静摆放在红布覆盖的长桌上。我默默演练着自己的讲话,等待着梦想成真的一刻的到来。我甚至不想跟任何人交流,因为我不想再受到任何不同意见的干扰,我没有通知更多的人,出席签字仪式的只有我和妻子,以及另外一名管理骨干。

中午 1 点 18 分,美华食府最豪华的包间,双方的签字笔在合同上划出轻微的沙沙声,那是世界上最动听的声音,我们为彼此的合作握手,开红酒庆祝,改变美华命运的时钟敲响了。

那个阳光普照的下午,我醉了。20 天前,一切看起来还是那么遥不可及, 我不知道我们还要跋涉多久,又将有怎样的开始。20 天后,一个庞然大物就这样挟着新的使命悄然降临了,而为了这一刻,从 1996 年承包家乡招待所餐厅算起,我和我的团队已经整整打拼奋斗了 10 年。

你相信吸引力法则吗? 它告诉我们,你生活中的所有事物都是你吸引过来的,是你大脑思维的波动所吸引过来的,你会拥有你心里想得最多的事物, 你的生活将变成你心里经常想象的样子。 听起来是不是有些玄? 在我看来,吸引力法则并不神秘,只是鼓励我们用心去探寻未来。

我始终相信,人类的一切奇迹都始于梦想,包括我们每一个普普通通的人。追求是梦想的真谛,如果你只是临渊羡鱼,或者三天打鱼、两天晒网,梦想永远是空想。

签字仪式结束后,我渐渐从沉醉中醒来,独自一个人绕着大楼转悠,心中默默地祈祷,从此美华要与她风雨相伴了,我还是有些不敢相信这是真的,既为梦想的实现而兴奋,同时又有几分莫名的沉重。

后来我才明白,接下她只是一个三分球划出的一道漂亮的弧线,离真正落袋还差得远着呢。

第七章

把困难当作生命中的朋友

英国著名探险家乔治·马洛里曾经说过一句名言，当有人问他为什么要挑战珠穆朗玛峰时，他回答说："因为山在那里！"1924年，马洛里向珠峰发起了冲刺，从此消失在冰川中。75年后，一支美国探险队在北坡海拔8170米处发现了他的遗物，马洛里是否完成登顶始终是个谜。

创业又何尝不是一场登山呢，一座座商业的峰峦等着我们去攀登，泥泞与风雪如影随形。每登上1000米的海拔都将遇到新的困难，但只要我们不把困难当作障碍，不当作我们行进中的高山，而是当作脚下的垫脚石，我们就会用我们的态度、勇气与斗志，奋然跃过去。

面对困难，我的办法是"在战争中学习战争"，分清轻重缓急，想办法化整为零，一点点地去攻克它。

13年来，可以说美华就是在困难中长大的，困难给了我们营养，给了我们智慧，给了我们强壮的筋骨。

而我们在西安的旗舰店——美华金唐国际酒店的孕育与诞生，遭遇的困难则远远超过了常人的想象。

不要抱怨离开你的人

第一个想不到的是，正当我喜出望外而又雄心勃勃地准备筹建刚刚接手的这个"大家伙"时，一场管理层的人事地震却从身后传来，顷刻间，我像个孤独的角斗士一样独自站在起跑线上。

我不明白这是否是企业成长的代价，曾经风雨同舟、同甘共苦的两兄弟都要因为一个新项目的开始而离开。至今回想那段岁月，我仍感到深深的遗憾与自责，或许我应该做得更好。

实际上，这场地震从我那个胆大包天的想法产生的那一刻起，就已经埋下了导火索。从一定意义上，美华金唐的上马更像是我个人的梦想，我将注定付出高昂的代价。

当时的管理层几乎是被动地接受我的想法的，这个项目的体量、档次与所需的资金出乎所有人的意料。经过测算，它至少需要投资 5000 万，而且此前我们并没有经营高星级酒店的经验，我们缺乏人脉，缺乏最基本的路线图，缺乏资深的管理精英，并且时间也不允许我们慢条斯理地来。

我们的出发点与追逐的目标形成了鲜明的对比。在一家餐饮店的办公室里，一个人正做着豪华酒店的梦，甚至做着未来两三年开十几家店的梦，朋友们都认为这是天方夜谭。只有我对未来充满信心，我仔细分析了当时西安的酒店业竞争态势，发现酒店业大有可为。

首先，西安的酒店业正在飞速发展，随着城市地位的提高、旅游浪潮的到来，本地酒店业的前景看好，并不愁客源。其次，一个显而易见的机遇是，西安的市中心并没有服务上乘的高星级酒店，由于体制的关系，很多老牌国有酒店管理明显僵化，缺乏危机意识。其三，虽然目前酒店所处的西大街还比较冷清，但几年之后将热闹起来，我们占据的地段是独一无二的。

然而，空前的资金压力和风险却导致了我与管理层之间的裂痕，他们似乎看不到希望。的确，如果按常规的发展逻辑，美华金唐对我们来说无异于一次前所未有的三级跳，我是个不按常理出牌的人。我自己也知道短时间筹集5000万很难，从以往的经验看，几乎是一个不可能的任务。

但我没有其他的选择，美华要发展壮大需要更高的平台，我们必须过这一关才能迎来新天地。

最不情愿看到的事情终于发生了。一天，我的好伙伴掏出了心里话："我觉得目前还是稳一点好，投资最好控制在2000万以内，否则风险与压力太大，如果像以前那样发动大家集资，万一有

171

闪失我们担待不起。这一次我是真的担心,我们要对员工、家属、朋友有个好的交待"。他说这番话的时候很平静,看来是已经想了很久,不愿意再跟着我一意孤行地狂奔了。多年的友谊使我了解这位伙伴的性格,他是个做事严谨而理性的人,与我的性格形成良好的互补。

"我知道我们现在有困难,但几年之后就会看到曙光,未来的收益会很大,过了这关一切都会好的。"我坦白了自己的想法,我不能退缩,事实上,我自己也不是没有担心,但我不能生活在担心里。

好伙伴听了我的回答,没有感到意外,接着说出了自己的打算,前一阵筹建美华食府感到有些累,从家乡出来一年多,没照顾好家人,想回家找找事情做,过一份比较安定的生活。言外之意,我们的生活理念发生了分歧,当一个人感到心累的时候,做事不仅痛苦,而且也没有成就感。我能体会这种感觉,也表示深深的理解,心里却舍不得他走。我没有表态,劝他再好好想想。

我并没有意识到的问题的严重性,仍想象着我们在一起战斗的情形,多年来我们彼此支撑,情同手足。过了几天,我再一次找到他说,也许我们的投资并不需要那么大,只要控制好,3000 万可以做下来,保证 5 年回收,他听了仍表示沉默。见此僵局,我回到家里通宵算账。

算完账后,我乐观地告诉他,美华金唐 2500 万~2800 万就够了,他听了似乎有些兴趣。但休息了一段时间后,他离开的念头仍未打消，"我很想和你一起走下去，真的很想，不过我有实际困难"。话说到这里，我知道伙伴去意已决，忍不住说："你个人的住房可以先租一套，两年后买一套，爱人的工作我们可以想办法调动过来，美华会好的，我们的未来都会好的。"我最终没有止住伙伴的想法，在美华食府旁边的一家上岛咖啡店里，我们进行了最后一次交流。

谈话一直到深夜，那是朋友间最真心的沟通。临别时，朋友送上了最后的祝福："这些年你一直忙，要注意好身体；我虽然人不在美华，但心还在美华，以后资金有困难我还可以帮着想办法；从家乡过来的几个管理人员以后要多关心一下，家属都不在身边；以后做事要多听听大家意见。"望着朋友渐行渐远的背影，我突然感到心里空荡荡的，强烈地意识到自己失去了什么。

多情自古伤离别，没有什么比多年的伙伴离去更让人揪心的事情了。独自开车回家的路是那么漫长，我的脑海里一面回忆着昔日我们在一起打拼的美好时光，一面感到从未有过的歉疚回忆。

我真的忽略了很多东西，我已经记不起上次我们在一起开心地聊天、小聚是什么时候了。很长时间，我只顾着待在办公室里，没有到他的宿舍去坐坐，我应该提早为他解决一套住房，把家属接过来多聚聚。要命的是，我没有就美华金唐和他好好商量，没有耐心地探讨，当伙伴提出不同意见的时候，我只是用自己的观点去否定，如果换个角度设身处地地想，我也会感到失落。

他的离去很快带来了连锁反应，相继又有两名管理伙伴悄悄离去，或多或少都是出于同样的原因。

人才流失一直是困扰企业发展的心腹之痛，作为领导人，光讲愿景是没用的，你要为团队安排好后路，你要解决好他们的实际问题，让他们时刻在现实中感到希望，不仅要有干头，更要有盼头。

一个个管理高层的接踵离开，使美华金唐的前景一时看起来扑朔迷离，这是一个危险的信号。好几个晚上，我坐在客厅的沙发上彻夜难眠，我意识到自己犯了一个简单而致命的错误，那就是没有给核心骨干带来安全感，为什么不能好好跟大家商量呢？事情真的至于发展到今天这个局面吗？我想起当年蒙牛的牛根生在做出一项关系到企业命运的决策时，所有人讨论了 59 天，而我就难道不可以多花一点时间与管理层把话说透呢？

也正是从这时候起，我开始认真思考建立一套长远的高层激励机制，让他们感到心里踏实。我计划以后把几百万元的股份作为奖励，逐年提高分红比例，即使亏损，也要保证大家的收益。

我没有任何理由抱怨大家的离去，如果没有潜在的重大分歧，我也不会认识到高层激励的重要性。相反，我应该感激他们每一个人，是他们用另一种方式教育了我，提升了我的管理手法。想到这里，我的眼前不禁又浮现出了光明，我感觉他们其实还在我身边，我们没有决裂，只是暂时的分别，等到了事业成功的那一天，我会送给他们意外的惊喜，我们是永远的朋友。

一个人要想做一番事业，面临困境时难免坠入消极的情绪，但我不能放任自己沉浸其中。既然已经发生的事情难以挽回，我必须把事情往好处想，多想未来成功的景象，我不相信美华金唐是个大泡泡，它看起来就是那样五光十色，但并不是虚幻的。

第二天醒来，我浑身又充满了力量，走进办公室的第一件事是热情地跟每个人打招呼，让他们看到我的状态依然很好，确切地说，是更好了，我决定召集剩下的管理干部敞开心扉交流。"金唐事关重大，员工们都搭了身家性命，我想听听大家的真实意见。我需要你们的理解与支持，如果有不同意见，我也会理解。之前千错万错都是我的错，我接受批评。但现在没有更好的办法，自古华山一条路，我们必须抱着一万个坚持做下去，并且要做得更快、更好！"我暗暗告诉自己，无论如何，决心不能变，但前提是我们必须达成一致。

会议结束后，我开始跟每个人沟通，反复讲金唐对我们的意义，我们为什么要这么做，它未来的效应会是什么，看着我的劲头丝毫没有松动，管理层都先后表态愿意干，同荣辱、共进退。

为了一个战略性项目，我交了一笔昂贵的学费。每当想起这段往事，我的心情仍然复杂，我有时候会把它当作上天对自己的考验，又会时常告诫自己避免犯同样的错误，我不会让它出现第二次。

仔细想想，管理层的分崩离析不外乎个几个原因：第一，是企业的愿景让他们感到捉摸不定，尤其在企业跨越式发展的前夜，容易产生离心力，如果不能统一思想，势必造成核心的分裂。第二，创业是艰苦的，你没能解除他们的后顾之忧，关怀不够，这些痛处他们不会明说，等你发现时为时已晚。第三，人各有志，每个人都有自己的生涯规划和生活理想，当个人的价值观与企业的价值观发生严重碰撞的时候，你无法强求他们继续留在阵地上，为你打完最后一粒子弹。最深层的原因是，他们对企业的发展没有信心，无法想象企业明天的样子。

但美华金唐的压力并没有因为我的反思和沟通而减轻，我们仍面临着堆积如山的问题，短缺的资金还张着血盆大口，家乡的团队仍忧心忡忡，重大的问题还等着我去解决，已经没有多少讨论的时间了。

有时候，你必须逆风而行。

你怎样对待别人，别人就会怎样对待你

压力空前，美华金唐的建设还是一张白纸，除了与业主方的合同外，我们几乎一无所有，我们要在 5 个月的时间里完成所有的筹建工作。我们必须马上行动起来，整合一切可能的资源。

首先是缺钱，当我想做一件事的时候，资金总是第一个拦路虎。很多人苦于有想法而没有输血的渠道，于是满世界找钱。但仅仅一家酒店对风险投资来说是缺乏吸引力的，银行也不会眷顾我们。我们只有自己想办法，靠诚信和以往的作为去打动别人。我的经验是，千万不能病急乱投医。

我想到了以前在家乡经营酒店时长期合作的一位工程公司经理，我们的友谊已近 10 年，彼此了解较深。他很乐意与美华同行，听到美华金唐的消息后他很兴奋，一直在与我保持联系，现在时机来了。我认真地对他说："金唐不同于以往的酒店，未来是美华的旗舰店，我们好好策划一下，不仅要考察西安，还要到广东、

177

上海、北京去看一看，我们这回要做出水平来，让西安人眼前一亮！"我又给朋友吃了定心丸："以后你就做我们长期的项目经理，美华每天都会有新项目。"

朋友愉快地接受了邀请，同时我们事先约法三章："过程中不准吃供货商、工程队一分钱；质量第一；尽快搭建项目部，组织队伍，队伍要过硬。"在他的帮助下，很快有工程队愿意垫资建设。

不久又一个好消息传来，有一家做矿产的企业愿意一次性投资 1000 万，大大缓解了我们的资金压力，我们正需要这样的"大块头"。我迫不及待地想早点见到这位"救世主"，特意按照他的习惯，包下高级酒店最好的套房。我算计着，如果此事顺利，只要再有两家企业出 500 万，我们自己拿出 1000 万，就足以启动了。原来看似困难的事情，没想到就这样简单地突破了。

我翘首以盼，没想到第一个回合就发生了戏剧性的一幕，至今想起来仍忍俊不禁。中国人的生意常常是从饭桌上开始的，为了招待好来宾，美华食府厨师长亲自掌勺，我也站在门口恭候。

既然要寻求合作，我们就要礼数周到，同时不能太奢侈，给对方乱花钱的印象，桌上有意备好了芙蓉王烟和陕西最好的西凤酒。大家简单地寒暄之后，边吃边谈，推杯换盏之间我发现气氛有些异常。为了表示诚意，我频频敬酒，努力想让氛围轻松起来，不想有一丝的怠慢。谁知吃到中途，老板突然放下筷子，双手交叉着放在鼓鼓的肚皮上，看起来有些不太痛快。问题到底出在哪里，见此情形，我不免焦虑起来。终于，来宾发话了，"朋友呀，我这么多年招待人最低标准是茅台酒、中华烟，像你这样的烟酒我还是第一次遇见，好像不够意思啊！"

我听了一怔，赶忙让员工换上最好的烟酒，老板点了点头，喝得两颊泛红，接着说："在当地谁不知道我，谁都要给我面子，你要是不相信，我一个电话叫过来给你看！"我连声说相信。

"这点钱不算啥，钱我有的是，但如果不把我当人，我可不干！"老板理直气壮地补充道。

说实话，这顿饭吃得并不愉快，但洽谈还要继续，一行人来到老板下榻的房间又接着唱歌跳舞，酒店服务员跑前跑后，忙得脚不沾地，老板来了一句："这些服务员，我叫他们站着他们就不敢坐！"

听到这里，我的心彻底凉了，这样的菩萨美华请不起，我们不需要颐指气使的合作伙伴，就是金山银山也吃不消，如果合作，我们的员工怎么办？美华的管理文化怎么办？企业的游戏规则将置于何地？我觉得此刻再多待一分钟都是多余的了，悄悄对牵线的朋友说："这1000万不敢拿，我们不要了！"此后，我再也没有遇到过这位老板，我们根本就是两条轨道上的人。

出门的时候，我已想好改道筹资，此人的出现曾经像黑暗中的一道亮光，但这亮光实在太刺眼了。

接下来是一个又一个希望的破灭，倒也碰上几个金主，但一张口就要每年25%，甚至是40%的回报，我不能欺骗对方，同时，我也不能给美华套上枷锁。

后来的事实证明，**最终吸引投资的不是假话、空话，也不是卑躬屈膝地低头做人，而是靠你的成长轨迹。只要你一直以来踏踏实实做人，认认真真做事，做事讲信义，没有信誉污点，上帝也会帮你忙的。**一言以蔽之，你曾经怎样对待别人，当你需要帮助的时候，别人就将怎样对待你。

实际上，与早年的创业相比，美华金唐的资金筹集并没费太大力气，数量虽大，但获得的支持更多。这些年一直关注美华的人伸出了双手，我的团队更加积极地想办法，我们制定了新的激励措施，员工内部入股比例从原来的 13.6% 提高到 15%，随后迎来了继美华大酒店后的新一轮集资高潮。

美华金唐筹建之初，我们手里可打的牌并不多，某种程度上，人才比资金更难得。如果要排序的话，我认为关系企业发展的是人才第一，项目第二，资金第三。没有得力的干将，再好的项目也白搭。而要选准合适的人，一要机缘，二要时间的沉淀，三要价值观的高度统一。

项目成立的时候，包括从美华食府抽调过来的骨干，以及行政人员、库管和文员，一共只有 8 个人，我们急需一位有经验的酒店管理精英。我下定决心，这回一定要用最优厚的待遇、最真诚的心留住人，不顾一切地建设好我们的旗舰店，融合家乡的管理经验，且在硬件上取得质的突破。

当时的美华还没有建立起完善的人才梯队，家乡的管理团队无法脱身，我们必须在最短的时间里补充新鲜血液。幸运的是，在西安的一次行业协会上，我从省旅游处处长的口中听到了一个名字，听说这是一位有冲劲、思维活跃的年轻人，我马上联系，约好具体的见面时间与地点。

这个年轻人出生于西安的艺术世家，曾经在深圳、上海等多家酒店从事过管理经营，给我的第一印象是时尚、阳光、彬彬有礼、快人快语，我立刻对他产生了好感，谈话很快步入正题。

我注意到当我讲述美华的未来规划时，他的眼里放出光彩，这种光彩使我们好像神交已久。直到今天，我一直坚持面试所有的管理层干部，我相信自己的直觉与判断。

他说的两段话打动了我。我问："你觉得酒店经营最关键的是什么？"他回答，"谁能抓住员工的心，谁就是赢家！"我继续问具体有哪些建议，他讲起如何为员工提供良好的薪酬、福利，如何给予生活上的极大关照，如何毫不吝惜地为员工付成长费，跟我的想法简直如出一辙。

我们又谈到美华金唐的建设，他的想法是要控制好投资，无谓的投资没有回收的一天。既要讲求品位，又要兼顾成本，同样与我的想法一致。不到1个小时，我们就决定合作了，由于他正在山西的一家酒店做管理，要有一个半月时间的过渡，虽然一个半月对金唐来说长了点，但人才难得，我可以等。

至于他的个人要求，我丝毫没打折扣，没到岗前月工资1万，作为顾问费，我先支付了他10万元工资，然后又出资让他进一步学习、考察。他很快派了熟悉酒店的人力资源经理、财务经理加盟。

一家酒店的建设可谓牵一发而动全身，实施的复杂程度远远超过了美华食府的量级，每一个环节都是陌生的，我即使有天大的本事也不可能包打天下，重要的是如何调动筹建团队的积极性。

在建设期我买了架子床，把家安到了临时租用的酒店对面的毛坯房里，与大家同吃同睡，有问题随时解决。在这里我有必要对团队表示敬意，他们帮我分担了海量的工作，而我所能做的只有给予他们最大的信任与支持，但彼此心照不宣。

采购部有一位50多岁的负责人被称为"铁腿"，这个称号是在筹建金唐时得到的。当时采购部只有4个人，要完成近5000万的投资，我们对西安的高档建筑市场并不熟悉，无法确认工程队的开价是否合理，上万个品种，每种都要询3个价，供应商的名片就收集了1万多张。

我们要把成本压到最低，采购人员想了很多办法。他们到了建筑市场，为了避免树大招风，会在隐蔽的地方停好汽车，然后直接去店里询价，刚接到一个工程队的报价，马上向另一个工程队匿名询价。他们经常在市场上一摸就摸到打烊，顾不上吃饭，一周脚底要刮一次老茧。

实际上，信任是最底线的成本，我没有三头六臂，不可能每天都带着采购人员在前线冲锋陷阵，我必须充分授权，相信他们能做到最好。每接到一条大宗采购信息，我都会痛快地同意。

记得一次采购部主管打来电话,说900万的工程由自己一个人负责,不符合手续,委婉地要求增加人员。我当即告诉他,"我们不能没有制度,但再好的制度也要人去执行,别说900万,3000万一个人也行,你一天浪费几千我不知道,可如果你一天节约了几千,你不说,我也同样不知道!"

　　有这样一种民营企业的老板,一开始带领着大家同甘共苦,待到事业成功时,总觉得天下是自己一个人打下来的,于是喜欢莫须有地怀疑下属,看谁都不放心,设置种种条条框框监控,前后判若两人。其实他这种做法失去的,恰恰是维系一个团队良性运作的黏合剂——信任。

　　企业越是在危难时期,越是需要信任。有意思的是,信任的回报有时候会产生惊人的力量。

　　当然,这并不意味着信任就一定有正面的回报。我也曾遇到意外的结果,也有哑巴吃黄连、有苦说不出的时候。但我知道,不能一朝被蛇咬,十年怕井绳,信任是人世间最好的尊重。

速度取决于方法与执行力

只要有 1% 的希望，你就要付出 100% 的努力。

从 2006 年 8 月正式筹建金唐到 2007 年 1 月 19 号开业，一座建筑面积近两万平方米的酒店光彩亮相，在西安的酒店业看来算是个奇迹。实际上，如果不是因为麻烦不断，我们会提早一个月开业。

美华的速度一向为业界所称道，如今每开一家店，每接管一家新酒店，我们会用少于同行一半的时间完成。无论时间多短，我们都会准时在最后一刻前完成。这种效率很大程度来自于金唐的经验，那时候，我们必须在有限的时间里齐头并进工程、设计、采购、装修，把时间掰成八瓣儿使。

金唐的建设过程是令人难忘的，它对工程量和对品位的要求决定了这是一场异常艰苦的战争。

我至今还记得有时候酒店旁的高楼上会飞来一个花盆，那是有人对我们的昼夜施工表达不满;会有老人家找上门来,我们按月补偿精神损失;还要应付各种行政部门的管理,但这些插曲比起建设本身来说,都是小巫见大巫了。工程完工后,我觉得自己好像少活了几年,头发白了许多。

麻烦最大的是业主方与工程队之间踢皮球,一开始我们一头雾水。按照合同的约定,甲方负责做好前期规划的酒店消防、空调、水电等隐蔽工程,我们负责进行后期的改动工程,可进驻以后才发现,工程队与甲方正较着劲呢,由于工程队收款不顺,导致隐蔽工程已处于瘫痪状态。工程队迟迟召集不起来,我一个劲地催促,好不容易才征得甲方同意请动了工程队。

我们俨然成了局外人,两方面都说了不算,工程队不情愿地说:"前面的钱不落实,后面的活没法干!"我们在甲方面前也没有话语权,但又无法换工程队。

我们多次与工程队沟通也谈不拢,碰到的总是那句话:"前面的问题不解决,这个活肯定做不成,别人也做不成!"工程队已经看出最急的是我们,只想借助我们的力量达到自己的目的,哪管进度?我们第一脚就踩在夹缝里,加之如果隐蔽工程全部拆掉重建,又是一笔不小的费用。

其次,是酒店的布局必须做大改动,原来的建筑是按照多功能设计的,有酒店、餐饮、写字间、商业,而我们想做一家真正的酒店。最早请来的设计公司不熟悉高档酒店,一个月后拿出的设计图与我们的想象大相径庭,他们不能充分理解金唐的经营定位,严重影响了整体进程。

看来只有自己做布局。我经常一个人看着建筑图一琢磨就是一个通宵,不敢有丝毫闪失,要考虑到酒店的经营定位,顾客、员工和货物的流向。尤其费心思的是厨房,由于历史原因,当时的厨房没有预留排水设施,如果硬排,水会流到旁边的商场顶部,唯一的办法是连接管道从地面排水,但酒店三面临街,难以避开路面。仅仅一个厨房,我们就和设计人员研究了 10 天时间才找到解决方案。

当时项目经理经常苦着脸找我诉苦,酒店建设几乎没有一处顺利的,我决定寻找新的设计公司,这是我们最后的希望。新设计公司以善打硬仗见长,我要求 20 天做完,设计师听了当即摇头,说按照惯例没 3 个月不行,我不得不花大价钱买时间,并和他们一起研究,结果 3 天完成了基础布局沟通,一周做出了平面布局设计。为了让他们投入,我只有软磨硬泡,让他们相信美华是长期的朋友,会不断有业务,还拉着我们以前的供货商出面替美华现身说法。

如何体现酒店现代唐风的风格,定位同样是个难题。按照我们的想象,作为西安仿古一条街上的标志性建筑,金唐应该有鲜明的盛唐气象,但又不能过于凝重,要兼顾客人所喜欢的现代商务氛围。但这些想象只存在于我们的脑海之中,很多设计公司拿出的作品无法演绎现代唐风的内涵。

对一家高品位的酒店来说,设计是建筑的灵魂,能否适度超前地引领现代唐文化潮流直接影响到客人的直观体验。万般无奈之下，我们找到一位西安著名的设计大师求援，可谈了数次都没有结果。转眼一个月过去了，设计毫无进展。非常失望。

第一个样板间折腾出来后，我们看了大跌眼镜，这时候，有几家公司愿意以优惠的价格承接设计，但一听时间要求都退了回去，终于一家香港的设计公司表示有兴趣，他们曾经为李嘉诚在重庆的五星级酒店创造过短时间设计施工的奇迹，总经理是位70多岁的香港人，精明能干。我非常想合作，但造价成了谈判的主要障碍，对方坚持一个平方米2000元，说时间可以赶，造价太低却做不出效果，而我们资金有限，最后咬着牙只请他们负责酒店的精华部分。

尽管精打细算，美华酒店的投资还是像个无底洞，有多少钱都填不够。我们的运气糟透了，当年全国钢铁价格飞涨，仅电线一项就比原来的预算多出了一倍，花费了350多万元，整个工程投资超出了2000多万。这其中还包括重点部位拆掉重建，看到不理想的地方就砸，光是一个大堂，我们就从天花板砸起，接着又砸墙面、吧台，直到搞了个底朝天，再投了几十万进去。

我们必须保证效率，每耽误一天就意味着流失一天的经营收入。等到设计施工公司到位后，老大难的问题又来了，他们抱怨隐蔽工程进度太慢，影响了自己的施工进度。之前我们已经向工程队承诺，后期的工程款由酒店应付给业主方的租金收入代付，三方签定了君子协议，我反复告诉他们一个简单的道理，不干就没希望,干了钱迟早会有。我们做了大量的思想工作,即使这样,签订新协议的时候,另外两方在谈判桌上还是差点动起手来,满屋子火药味。

没想到工程队看到希望后仍然不紧不慢,我们心急火燎地找上门去,对方竟振振有词地说:"现在正赶上农忙,工人都回家了!"他们的进度已经严重拖了整体建设的后腿,却连基本的人手都不够用。我们问怎么才能有人,对方回答得倒也痛快,"出高价"!当然出高价的是我们,我找到项目经理,答应每找到一个人,一天补贴30元,20多个工人一天要多出600元费用。

此后,我们开始重点考虑如何调动工程队的积极性。我们将整个工程分成若干个时间点,如果在时间点上完成,会有奖励,完不成则重罚。我们将任务分解到每一天,然后派出自己的队伍满工地巡视,每天早上按当天的工作量清点人数是否足够,给对方造成我们的人无处不在的压力。到了深夜,如果一天进展顺利,我们又拉着工程队管理人员一起去吃夜宵,喝啤酒,给他们打气。

从来没有像我们这样的甲方,本来是乙方应该完成的工作,我们不仅给额外的奖励,还想着如何改善他们的生活。中秋节的时候,我们给每个工人送月饼、包礼物,反过来成了求人的乙方。看起来我们像个阔佬,工程队从普通工人到项目经理,再到项目监理,只要按时按质完成都有甜头。

很多时候,我们的工作已经不分你我了。每天晚上开各个方面的协调会,重大问题立即拍板,重大问题3小时回复,有些问题

24 小时回复,最晚 3 天回复,大家都照着倒计时牌努力。在那段时间,我小腿的肌肉明显见长,一天跑 8 层楼,来回几十趟,等一切完工时却一次也跑不动了。

但问题仍源源不断涌出来:资金告急,需要从家乡及时调集资金;采购工作量大,白天市中心不准通行;员工累病了,我们第一时间带着慰问金去看望;哪里的工程出问题了,赶快想办法解决;实际效果与图纸不一样,想着怎样修改;所需要的材料断货,空运解决;5 楼餐饮大堂里的装饰树运不进去,把天窗拆了用吊车吊;施工中漏水现象频繁。

没人相信金唐酒店可以按时开业,就连现场经验老到的工程队也直摇头。开业前一天的凌晨 2 点,我们的员工才开始打扫、清理、保养、安置物品,看到这里像个大工地,有人暗自嘀咕:"明天怎么可能呢?"可是到了第二天 9 点,一切却井井有条,酒店门庭锃亮。

通过金唐一役,美华的战斗力得到了极大的锻炼,看起来无法逾越的堡垒一个个被攻克。实际上,我们的队伍并不是超人,任何奇迹都是人创造出来的,1 天 24 小时对每个人都是公平的。

但我们至少做到了几点:第一,作为一个超级项目的总负责人,我挂帅亲征,起到了表率作用;第二,我们将激励制度引入了合作伙伴中,努力营造同心齐力的氛围;第三,我们强化了时间管理,学会了时间点的控制;第四,也是最重要的,我们的员工像建自己的家一样筹建酒店。正是这样,我们才有可能把一盘散沙凝

189

聚成一种合力,把项目与每个人的利益紧紧连接在一起。

所谓困难,有时候像是这样一种事物,如果你不敢去正视它,面对它,它就会像幽灵一样缠着你,直到越堆越多,让你彻底认输。要么打退堂鼓,要么留下一次失败的记忆,成为生命中的阴影。但如果你开动脑筋,认真地去思考如何去解决,行动起来,即使是冰山也会慢慢融化。

在解决困难的过程中,如何提高效率是重中之重,每一步行动都要形成结果,日积月累就能见效,别拖泥带水,你要为工作提前制订出切实可行的操作计划。

经过连续半年的昼夜奋战,美华金唐终于掀起了红盖头。2007 年 1 月 26 日,是一个永远铭刻在企业历史上的日子。

早上 11 点,红气球高高飘在鼓楼不远的上空,充气拱门贴上了振奋人心的祝贺词,像所有盛大的开业仪式一样,长长的花篮排放了几十米远。当我再次走进酒店大门时,如同走进了一个奇幻的童话世界。这一天终于来了,我对我们的作品感到骄傲、激动,所有的劳累化为幸福的泪水。

我畅想着未来,激情洋溢地说道:"为了这家酒店,我们历经了无数磨难,在这里,最需要感谢的是我们的员工和合作伙伴,没有他们真诚的付出与努力,美华金唐国际酒店不可能在今天亮相。"

真是一个无比开心的日子,我们的愿景打开了新的通道。我接着说:"经过三年努力,我们要把美华金唐建设成陕西省一流酒店,最具特色的个性化服务酒店!"

这个时候我没有任何低调的念头,对西安的酒店业来说,美华金唐的问世算不上惊天动地。但对我们自己来说,却意味着从此取得了角逐未来的入场券。我们向梦想迈出了一大步,这一大步的背后,是美华全体员工多年不甘寂寞的付出,是乡情、亲情与人情的共同哺育与浇灌。

站在新的起点上,我百感交集,暗暗酝酿着新的力量。我相信,如同当年的食府一样,金唐的魅力已迫不及待地释放给世人,它是我们新的出发平台,胜利的号角已经吹响,前景似锦。

然而事实是,一场意料之外的暴风雪正等待着我们,我们所有的梦想与期望,都将迎来最无情的考验。

第八章

在危机中学会思考

真正的危机总是在不经意间降临。

有人说，可怕的不是危机，而是不知危机何时来临。我想补充的是，更可怕的是来自企业内部的危机，99%的内部危机都是由管理失控产生的。

没有谁是永远的幸运儿，世界上任何一家伟大的企业都曾遭遇过严重的危机。蓝色巨人 IBM 曾经走到破产的边缘，靠大量借贷才熬过了 20 世纪 20 年代初的经济大萧条；波音公司在成立 7 年的时候，不得不生产家具维持生存。但我更感兴趣的，是他们从危机中学到了什么。

危机来临时，人们一般会做出两种选择：一种人手足无措，望洋兴叹，抱怨自己的命不好；而另一种人则能够沉着应对，化险为夷。那么，这两种截然不同的结局究竟是怎么造成的呢？

2007 年，美华遭遇了创业以来经营业绩最惨的一年，对我个人来说则是忍辱负重的一年，我们的旗舰店成了笑话。原因并不复杂，一句话，我们丢掉了自己最宝贵的东西——美华精神。

没有价值观的导入，企业也就失去了灵魂

这场灾难来自于一个天真的想法。

也许是盼望了太久，无论用怎样的语言都难以描述当时的金唐国际酒店在我心中的分量。既然是一个具有里程碑意义的战略项目，在我的想象中，它将给美华树立崭新的形象，带来全新的气息。总之，不仅它的硬件是一流的，软件也应该是与以往不同的，尤其要有一支漂亮的新团队。

在我看来，这支团队就应该是一支空降兵，为此我还特意请教了一家管理咨询公司。当我说出自己的想法时，没有一个人赞同，他们的结论是失败的概率极高，但我还是坚持己见，决意来完成一次管理模式的挑战。

为了让美华快速打开局面，我首先调整了组织结构，成立了统揽全局的董事会、负责日常运营的总公司，以及下属的餐饮、酒店实体，我决定充分授权，给酒店的职业经理人一个独立的舞台，

我迫切地想看到一批有能力的管理精英加盟美华,大家齐心协力把事业做大做强。

正是在这种想法的驱动下,我由原来的身兼数职退回董事会,为职业经理人的到来扫清道路。有意思的是,新加盟的职业经理人也自信满满地登场了,他们承诺有了空间后要给美华一个奇迹。

实际上,隐患在筹建时期就已形成,但那个时候的我迫于工作压力,没有时间过多地关注。

与美华一贯的做法相反,金唐的团队进驻之前没有经过系统的培训,我不知道他们在开业前究竟准备了些什么,工地上很难见到他们的身影,但我一厢情愿地想象着他们一定能接好下一棒。

随着开业倒计时的临近,大家都逐渐亢奋起来,我们一起探讨着未来的营业目标,等着收获的日子。

但好景不长,各种稀奇古怪的现象很快显现出来。一个简单的客人入住手续,员工需要 10 到 20 分钟办理,离店手续最慢的竟长达 40 分钟,客人们抱怨连连,却没人当回事。整个酒店的房间卫生合格率不到 50%,几乎每个房间都可看到明显的浮灰,而这些情况在美华大酒店都是不可思议的。客户的投诉率高达 90%,10 个客人里有 9 个不满意。一次,当我拿着免费的体验券送给朋友,朋友笑着摇摇头说:"省省吧,这样的酒店免费给我住都不要,省得生一肚子气。"

197

曾经有投资伙伴前来考察金唐，我们相谈甚欢，对方打算投资 1000 万，谁知转了一圈，毫不犹豫地就说再见了。"这就是你管理的企业吗？员工根本不懂怎么关心顾客，钱放在这里我们没信心呀。"我只能无奈地看着投资人远去的背影，现实深深刺痛了我。

做好一件事情很难，但要做砸简直太容易了。可怕的事情每天都在发生，有时候竟然会出现同一间房登记给两个客人，这样的低级错误被当成笑谈。客人投诉时，员工的脾气居然"更胜一筹"。

这就是我们当初呕心沥血打造的酒店吗？每次我走进金唐的旋转门，曾经沸腾的热血也慢慢变凉了。

作为董事长，按照常理，这时候的我应该坐在自己的办公室里研究经营数字，但 200 间客房加上餐饮一个月的收入只有区区几十万元，迎面而来的还有无情的嘲弄。

问题到底在哪里呢？经调查发现，酒店的最初客源定位是以商务散客为主，可销售部门为了省事，拉来的都是些折扣极低的旅游团，根本没人考虑客户资源的质量。在有些人看来，酒店经营天经地义就是这样的，只要有人上门就一切万事大吉。

面对现实，我告诫自己不能太性急，开业后的混乱是难免的，职业经理人也需要适应的时间。但在听到越来越多的负面评价时，我终于还是忍不住去探个虚实，找到事情的真正症结所在。

宽敞明亮的酒店办公室里，我们的新管理团队正一如既往地享受着温暖的阳光,虽然天气还没有热起来,空调却已经派上了用场。他们看起来感觉好极了,仍然像朋友一样招呼我,我的脸上也挂着笑意,但我们的谈话总是无法落实到问题的实质上。

深夜,我决定亲自住店体验,一进门就看见房门上刺眼的灰尘,我试着投诉,经理连声抱歉说马上解决,可过了3天仍没见到结果。我终于坐不住了,当面质问道:"连这个小小的问题都解决不了,你们要好好想一想了,你难道忘了当初自己是怎么讲的,你还记得曾经说过要把金唐做得像个外资酒店的话吗?你摸摸自己的良心,难道这就是你们的做法吗?"

实际上,这样的话我已经憋了很久,职业经理人似乎也感到理亏,忙着说对不起,一定改正。

我并不想就事论事,而是步步紧逼:"经营业绩这么差,你们能睡着觉,我可一点都睡不着,我真的想不通你们的自信到底从哪里来?"尽管老员工早就对全体引进新团队的做法颇有意见,我还是第一次明确表示我的不满:"我希望1个月内彻底消灭低级错误,3个月内扭转被动局面。"

在我的强烈要求下,金唐加强了管理力度。可意想不到的是,没过多久,员工队伍开始散架了,他们适应不了突如其来的变化,一不高兴就走人,人力资源部每天马不停蹄地办理着入职、离职手续,美华对他们来说,充其量不过是个暂时混饭吃的地方。情况紧急,我赶紧派公司经理到酒店增援,谁知却为公司经理与酒店经理之间的矛盾做了埋伏。

199

从此，我又多了一项工作，那就是协调两人之间的矛盾，分头做他们的思想工作，保持管理层的稳定。

"董事长，救救金唐吧，再不救就完了！"那段时间，每次听到老员工这样的呼声，我的心里都很难过。我能深刻地理解到他们为什么焦虑，金唐的成败关系着每一个老美华人的命运。做好了我们会拥有以前所无法想象的未来，否则我们谁也输不起，而此刻的金唐正在流血。

但我仍抱有一线希望，或者说是一丝侥幸心理，希望看到疏通思想后的转机。我清楚地知道，如果顺其自然，金唐的明天没有任何希望，我当然可以像以往那样再次跳到前台来挽救危局。可这种做法毕竟违背了初衷，我不想看到刚刚建立起来的组织架构就这样因为一时的困难而推倒重来。

我更多思考的是，除了回到管理格局的起点外，我们还有没有其他的途径与方法来解决问题呢？

我从来没有像此刻这样犹豫不决。美华要迎来裂变式的发展，金唐的意义相当于一块试验田，我必须提前做好准备，探索新的管理架构。但随之而来的，是新管理团队导入了另一种完全陌生而诡异的文化。

他们此前没有在美华待过一天，不明白我们为什么能走到今天，对员工缺乏起码的友善、关怀与尊重，更习惯摆出一副舍我其谁的样子，喜欢在员工面前摆架子、耍威风。管理人员内部很快形成了小帮派，部分人在员工面前拿企业的利益卖人情，把投资人的信任当做谋取一己之利的手段。更糟糕的是,他们违背了美华一以贯之的对顾客"真诚友好"的服务理念,工作粗心大意。

实际上,这是一支患了不治之症的团队,欠缺起码的职业精神与道德,但我还是决心忍下去。

从内心来说,我更愿意把现状看做是暂时的,我们需要高级专业人才。磨合需要时间,我仍幻想着经过一段初始的适应期后金唐会好起来,不管以前他们做过什么,但我有责任给他们时间与空间。退一万步说,简单地换团队也不是办法,弄不好将带来整个队伍的大溃败。

不知道管理团队是否看出了我的尴尬,他们的管理并没有因为我的一次次单独沟通而奏效。每次沟通时,我都真诚地抛出自己的期望与想法,耐心地倾听他们的难处,他们也频频点头,可一到具体岗位,一切又回到原样,有人甚至放出话来:"不管他怎么说,我们做自己的"。

事情一天天向无法逆转的局势发展,而我却只能眼睁睁看着。我所能做的就是低声下气地请求他们改正。匪夷所思的是,我竟成了不受欢迎的局外人。我不禁问自己:这还是美华的酒店吗?让我感到哭笑不得的是,我们的内刊《美华风采》竟然无法进入酒店,即使进了酒店,也被人随手扔进废纸堆里。在金唐参加的各种行业会议上,我只是列席嘉宾,根本没有发言的机会,到了管理团队的办公室,有人竟装作不认识我,好奇地问:"请问您是哪位,来这里有什么事吗?"

我终于有些绝望了，我需要的只是最基本的平等与尊重，但诚意换来的却是放纵与轻漫。我意识到自己在用人方面犯了不可饶恕的错误，当初仅仅用了 40 分钟就一拍即合，而没有在价值观方面做深入的沟通，在做出最后决定之前，我没有多花一点时间成本全面了解对方。

后来我得出经验，企业找职业经理人就像娶媳妇进门，双方事前一定要充分地沟通，直到确信找到感觉后再谈婚论嫁，这种感觉最核心的就是价值观能否高度契合。谈恋爱不要怕花时间，你要仔细琢磨双方的气味是否相投，包括对方的文化背景、职业背景、个性，甚至是饮食习惯、兴趣爱好。绝对的统一虽然很难，但差异点太多今后过日子也很麻烦。比如你喜欢运动，她却喜静；你喜欢思考，她却热衷交友；你喜欢吃的东西，她却难以下咽；你崇尚孝道，而她却信奉西方的民主与自由，这些信号看似不要紧，其实都是悲剧婚姻的前兆。

对企业来说，只有合适的人才是最好的，最好的未必合适，很多人可以与你成为朋友，却无法共事。谈婚论嫁来不得半点勉强，否则一旦媳妇娶进门，无论费多大力气沟通与妥协，迟早有筋疲力尽的一天。

转眼金唐开业已是半年，乱局仍未有好转的迹象，很多不正常的行为越发变本加厉地蔓延。此时的我已经意识到，整体空降兵试验是一个极其愚蠢的决定，组织结构的调整不是纸上谈兵，一步到位的做法会适得其反，我们没有站稳脚跟就仓促变阵，遭遇的只能是迎头一击。

　　"离婚"已经是不可避免的事情了。我开始着手新一轮的组织结构调整,把原来的酒店总经理调回公司,公司的总经理调入酒店,并从美华食府抽调出最得力的骨干担任金唐餐饮部总监。

　　我告诉自己一定要挺住,没有过不去的坎,金唐的问题一定能解决,也许转机就在拐弯的地方。

为职业经理人制定路线图

回首过去的半年,命运仿佛跟我们开了个玩笑,我们的业绩一团糟,队伍更像是一群乌合之众。

联想集团掌门人柳传志曾有一个著名的管理理论,叫做"入模子"。所谓"入模子",其实就是联想的用人观,不进入联想的老君炉、被联想的企业文化同化的人,是不能成为联想人的。

事实上,美华也有自己的模子,但问题是没有形成规范的制度流程,跨越式的发展使得金唐的管理体制更像个空中楼阁,职业经理人无章可循、各行其是。我们还没来得及导入模子,更多是靠个人的情感去塑造团队,带有浓厚的经验主义色彩。

随着第二任职业经理人的进驻,金唐的经营管理很快有了起色,员工流动率由原来的 15% 降到 10%,各个环节的工作效率都有所提高,卫生质量合格率上升到 80% 以上,月营业额突破了 100 万。看到这些立竿见影的变化,我对职业经理人的作用又有了信心，更加坚定了人才难得的想法，朴素的感情再一次占据了上风，我真心感谢那些到美华发挥专业能力的人。

为了巩固胜利果实，我们尝试推出了一些最基本的管理细则。总公司设立了专职的质量检查员，负责对各实体进行日常的监督。比如金唐，每天抽检 20 间房，如果发现 5 处以上卫生不合格，管理层首先要承担责任，每间房处罚 20 元。这些办法都不是什么新花样，在美华原来的管理体系中早已是惯例，但在金唐却逐渐引起了管理层的新一轮反弹，酒店与公司的矛盾再次凸显出来。

此时的金唐虽有好转，但离我们的目标还相差甚远，它应该更有爆发力，它应该赢得行业应有的认同。一个细微的例子是，客房卫生间经常遭到客人投诉，不是有毛发，就是发生溢水现象。全面质量体系的建立已迫在眉睫，我号召全体员工行动起来，所有员工都要交《质量贡献表》。比如你每天遇到过什么问题，对金唐的质量提升有什么建议，每份建议奖励 5 到 10 元。

意想不到的是，短短一周，几千份建议就堆满了公司的办公桌，可有三位中层管理人员却交了白卷。很显然，这是一种无声的抗议，他们错误地把我们的举动理解为针对性地挑毛病。

公司决定免除 3 人的管理职务，这其实是美华对于缺乏责任感的管理层的一贯做法，结果两人表示暂时接受，另一位自动离职。酒店内部形成了一种意见，认为公司小题大做，大家都在努力，没必要为了一点小事就大动干戈。相应的，公司对酒店的例行检查开始遇到麻烦。

但这不是内耗的时候,我们的经营状况还有很大的隐忧。一来每月的直接亏损仍达 60 多万元;二来客源结构仍以旅行社为主,商务公司与酒店的签约大多处于休眠状态,协议成了一纸空文。另外,酒店的经营管理依然是吃大锅饭,员工觉得干好干坏一个样,没有压力。

针对这种情况,公司决定导入大效益经济指标,每月设定销售收入指标,跟基础工资挂钩,完成业绩有 20% 的上浮空间,反之则相应下调。同时,我们设立了管理质量考核,达标者每月有500 到 1000 元的奖励,不达标则处罚。规定出台后,酒店管理层陷入了集体沉默,人心惶惶。他们想不通,为什么效益有所好转还要考核,以前不好的时候能拿全工资,现在水平提高了却有风险。为了照顾管理层的心理,我又强调管理质量不达标不扣工资,只是没有奖金。

就像跷跷板一样,我们的管理措施很快就变了味道。凡是酒店当月报上来的考核结果,几乎全是合格、优秀,激励成了福利。公司要求酒店重新考核,终于导致了职业经理人人选的再一次动荡。

为什么我们的制度建设会如此艰难?其实从某种意义上说,根本在于投资人与管理层对酒店经营理念的差异。我发现,我们的职业经理人大多来自成熟的酒店,他们更习惯在一个成熟系统运作的平台上跳舞,所有的经验几乎都来自于外资高星级酒店的耳濡目染，从这一点说他们训练有素。但美华不同，我们是从市场里拼杀出来的野战军，我们有着不同寻常的企图心。

当这些职业经理人进入外资酒店时，那里已经有了一套标准化的操作流程，他们只需要按照现成的游戏规则办事，做的时间越长越熟练。而我们经营酒店首先从市场需求出发，信奉一切围绕市场，一切为了客户，只要有一线可能，我们就会调动所有的力量出击，讲究快、准、狠。

酒店不等于钢筋加水泥，它的竞争力不仅来自硬件，更来自于经营酒店的人，来自于它的管理机制与文化。

这两种文化与机制有时候很难调和。记得一天晚上，从食府派往金唐的管理骨干跑来诉苦，他告诉我实在支持不住了。本来想做点事，可什么都做不成，在里面受排挤，在外面又得不到认可。我看出他对金唐的未来已经彻底失去了信心，对自己存在的意义也产生了怀疑，想走了。

我沉思了片刻，对他说，"现在不是动摇的时候，也不是抱怨别人的时候，你应该好好想想自己这段时间到金唐学到了什么。当初我不直接派你做酒店主管，是因为我们还缺很多东西，不要盯着那些不好的方面，重要的是你从职业经理人身上学到了什么，成长了什么？"

"我们要设定具体的时间成长起来，未来美华不是做一家酒店，要做很多，你要真是那块料，还愁没有发展空间？但为了明天，必须要有真正的队伍，现在我们都要咬紧牙关！"

"看问题要从长远、从未来、从好的方面看,现在的金唐已经度过了危难期,我们正处在黎明前的最后一刻。我也清楚过去的日子糟透了,但我们要面对现实,只要决心不变,我相信金唐的局面一定会转变。我们只需要一段时间疗伤。"

话说到这里,望着他一脸的无奈,我的心情也略微有些复杂。我可以想象他这些日子在金唐的滋味。不管他走到哪里,脊梁上都打着老美华的烙印,在一些人眼里,他的角色更像个卧底。公司期望他能带去美华的理念与文化,但他只是一个餐饮部主管,在酒店根本无用武之地。

问题还是出在两种管理文化的冲突上,老美华的队伍能力不足,新美华的队伍又很难融合。我一直找不到解决问题的办法,那段时间,大量精力都耗在了如何理顺酒店管理体系上。我不是听不到老美华人的呼声,我跟大家一样为金唐每月业绩感到忧心,我知道他们想不通为什么不启用老人。对我来说,这是最为头疼的死结,两方面的情绪我都要最大限度地照顾。

有时候你不想要什么偏来什么,终于有一天,第二位经理又向我委婉地表达了去意,她说自己年龄大了,身体不太好,也不缺钱,不想有太大的工作压力,想找个轻松点的工作。

第一直觉告诉我,这是个不祥的信号,金唐还不到一岁,先后就有两任经理离开,我不愿意看到这样的局面。难道真的是我们的管理体制错了?

说实话,我从未否定过职业经理人的作用,巴不得他们个个都能大展拳脚。而她是我尊重的老大姐，给金唐的管理带来了很多东西。送别晚宴上，我再一次感谢了她的付出，并聘她为美华高级培训导师，但身边的战友们一个个心里都像打翻了五味瓶。

出乎所有老员工的意料，这次我仍未走到前台，而是派了公司的一位年轻人任金唐总经理。

这个小伙子虽然阅历不够丰富，但发自内心地崇敬美华文化，像我们的老员工，我期望着他能够带给金唐新的气息。可几个月后，他到医院检查，发现得了良性肿瘤，第二天就住进了医院。

这时候的金唐已是风雨飘摇，就像一个久病难愈的人，脸色苍白，四肢疲软，我们跌到了谷底。一位老美华人悄悄对我说："董事长，现在没有人能拯救金唐了，只能是你，我们谁也不行，你是我们唯一的出路，如果再不尽快把金唐带上大路，我们不知还要在泥地里走多久。"

目睹眼前的一切，我不禁有一种恍如隔世的感觉。还只是一年前，我们兴高采烈开业的样子已经成为遥远的回忆，员工人心涣散，管理层疑云丛生，接近年关，供货商的催款声声紧逼。更让我忧心的是，我们的诚信度正面临前所未有的挑战，金唐的亏损让所有人都感到迷茫。开业一年我们直接经济损失达上千万，还不包括隐性损失，如果再不能重塑形象、再造金唐，后果将是毁灭性的。

那段日子，我整夜睡不着觉，拼命抽烟的老毛病又犯了。我反复问自己,先后三任经理,难道都是把人选错了? 是,也不是。最根本的原因是,金唐没有建立起一套有效的管理体系,过去的经验不适应新酒店,新的又没建立起来。金唐的冒险不在于当初的选择,而是没有提前做好人力资源、管理资源的准备,我太理想化了。从某种意义上讲,职业经理人的牺牲都是无辜的。

金唐的挫折其实也暴露出了我的弱点。经过多年的打拼,我把自己塑造成了一个领导人,我从内心更喜欢领导,管理不是我的强项。我的兴趣在于如何抓住机遇开疆辟土,而不是在一个成熟的框架里打好管理基础,但这需要前提,那就是你必须有一群爱岗敬业的管理精英。金唐开业的时候,我们的管理更多的是经验,未成体系,我想引进一套新的管理体制,没有意识到自己进行的其实是一场管理的冒险,结果白白浪费了一年时间。

明白了这个简单的常识,我豁然开朗,觉得我们并没有失去什么,我们还有赢回来的机会。失去的 1000 万就当买了一次经验教训,我们要加速赢回来,过去的 1000 万要把它加倍地赢回来。

那么,现在我们准备好了吗? 事实上,透过冬日的重重阴霾,我已经看到了久违的阳光。

超越一切的坚守

就在我打起精神，准备再次出发之际，一道霹雳穿过云层击中了我的胸膛。

这些年来，母亲的健康一直是我的心病，病魔一次次缠绕着母亲，这一次我不知道她能挺多久，连想也不敢想。

2001年，一场突如其来的车祸导致母亲右手腕粉碎性骨折，当时见到母亲血肉模糊的情景，我刹那间大脑一片空白。当我把母亲送进医院，医生说要做七次手术，可只做了一次，就已把母亲折磨得无法忍受。

母亲对我说："儿子，你不用操心我了，我就这样了，大不了一死，死了也许痛快些。你现在长大成人，也能做一番事业，我可以放心了，不要再做手术了，我们回去吧。"

我心如刀割，一阵悲凉从心底升起，好像看到母亲已经要离我而去。我扑上前去，用力抱住母亲，边流泪边心想，我何尝不知

211

道您的痛苦，我恨不能替您做这个手术，我还有太多的事没来得及做。这几年儿子只顾在事业上打拼，没有一次轻松愉快地陪您享受过时光。想到这里，我俯在母亲身前轻声说："妈，我还有个心愿没有实现，就是想带您到北京旅游一次，到天安门广场去看看，带您亲自登上长城。"母亲像是彻底失去了信心。我哭着说："您知道吗？您是坚强的母亲，您已经为儿女受了那么多的罪，手术的痛苦痛在您的身上，却也痛在我的心上，这次您受不了痛苦，我就要经受终生的遗憾，儿子的良心会经受终生的煎熬呀！"

母亲终于答应了继续手术。一年后，当我陪着母亲登上了八达岭长城，走到"好汉坡"的时候，母亲笑了。

2006年秋，正是金唐筹建最紧张的时候，母亲心脏病发作了，心率严重失调。我把母亲送进西安最权威的医院，请来最好的医生，分分秒秒陪在母亲床前。半个月过去，母亲的病还不见好转，医生得出了难以治愈的结论，母亲整日封闭在病房里，从早到晚打点滴，身体一天天消瘦下去。一天，母亲说："儿子，你也算尽孝了，这次病是没法治了，我也不能这样拖累你。"此后，母亲拒绝打针、吃药，医生和我苦苦劝说都没用，看来对康复已经绝望。

一个阳光明媚的早上，我悄悄走进母亲病房，唤醒母亲说："妈，您不能这样狠心离开我们，我们都离不开您。"母亲勉强睁开双眼，说，"你们都尽心了，我这病办法都想完了，没得治。"

母亲的回答并不令人意外，我接着说，"我知道您现在很难受，我有三个心愿说给您听好吗？第一个心愿，还有几天就过年了，我们要陪您过好最后一个春节，孙子、孙女都等着奶奶回家过节呢；第二个心愿，把您生前最好的朋友请到一起，让你们好好聚一聚，好吗？"母亲喃喃地说："好倒是好，可如今我这个样子能行吗？"我又说了第三个心愿："让您穿一套最喜欢的衣服，找一家最好的影楼，留几张形象最好的照片，好吗？"母亲抓住我的手，眼里好像有了光彩，问道："那样真好，我也想，可我的身体能行吗？"我赶紧说"一定能行，我比您更有信心，一切由我来安排，您就安心养好病吧。"说完，我飞跑出去找到医生，告诉他母亲愿意治疗了。

短短 40 天后，母亲奇迹般地出院了，很多亲戚朋友前去看望，母亲还下厨做了几道拿手的家乡菜。

接下来的这段日子，无论酒店多忙，我每天都尽量早回家，或者经常斜靠在母亲床边，陪母亲拉拉家常，谈谈那些过往开心的事情，或者陪母亲看电视，或者拉着母亲出去散步，或者让孩子们在奶奶身边玩耍。就这样，操劳了大半辈子的母亲度过了人生中最美好的一段时光，饭量也增加了。

没想到 4 个月后，病魔再一次击倒了母亲，连续三天三夜昏迷，医院下达了病危通知，我日夜守候着母亲，心里不停地祈祷。一天，母亲从昏迷中醒来，看着我说："放心吧，儿子，这点病不要紧，没事的，老毛病了，治几天就好了"。果然，没过几天，母亲就恢复了往日的神采。

不过，这一次我却有种不祥的预感。这一年腊月，西安格外得冷，连日的飞雪遮蔽了天空，母亲住进了特护病房，神志一直不

213

清,也许信奉基督教的母亲真的离天国不远了。我把办公室搬进了医院,在医院包了一间病房。

母亲昏迷了 20 多天,我焦急地等待母亲醒来,可一点康复迹象都没有,我只能隔着玻璃望着母亲。

2007 年春节前,美华召开了比往年都隆重的员工大会,我们颁发了更多的奖项,大家都有奖金,在一片欢声笑语中,我们忘记了正在承受的所有压力与沮丧,笑声淹没了会场。该是我发言的时候了,看着这么多年轻的战友齐聚身边,我控制好情绪,讲起自己母亲的故事。

"生活告诉我们,人人需要愿景,可人们往往缺乏愿景。愿景是人们生活的精神支柱,是对美好生活的憧憬。对我而言,有两个美好的心愿:一个是事业的愿景,那就是致力于促进社会繁荣与进步的旅游服务事业。另一个心愿,就是母亲的健康与快乐,用我对母亲的爱唤起母亲对美好生活的渴望。母亲给予了我生命,母亲就是我的蓝天,我要为最爱的母亲构筑一个如丽日蓝天般的愿景。我愿化作一只雄鹰,展翅翱翔于母亲宽广的怀抱,更要用振翅腾飞的雄风,驱走母亲眼前的乌云,赶走滋扰母亲脸上的阴雨,还母亲一片安详、健康、欢愉的天空!"

"面对病魔,母亲一次次用信心、勇气,以及顽强的毅力战胜了它,一个生命愿景曾经可以让 70 多岁的老人几次从死亡线上回生,如果我们每个人都对自己的人生树立起美好的愿景,我们的人生价值就会大大提升,生命将会更加精彩!只要有了愿景的支撑,我们将会度过一个又一个难关!"

"如果美华建立起一个美好的愿景,那么所有的美华人就会有一个清晰的目标,共同围绕这个愿景,携手向前,共担风险,我们就会达到理想的巅峰,2008 年,我有信心与大家一起赢!"

这不是口号,而是发自内心的声音,我已经不是第一次遭遇困厄了,而每一次都会使自己更成熟。

母亲临走前的那段日子,我都不知道自己是怎么熬过来的。金唐仍陷在泥潭里,母亲的状况更是像刀一样戳在我心里,我第一次觉得自己有些挺不住了。夜深人静时,我独自开车泊在空荡荡的广场上,打开音乐,调大音量,将自己封闭在车厢里,任凭情绪漫无目的地漂流在忽而狂暴、忽而舒缓的音乐里。我好像已经失去了知觉,将灵魂交付给了另一个世界。

尽管我相信美华绝地反击只是迟早的事,但令我最为心痛的是,我再也没能跟母亲说上一句话。

腊月二十三那天,母亲永远地离开了我。在母亲的追悼仪式上,我忍住悲伤,与美华人一起放映制作好的幻灯片。那些生前最美好的瞬间,每一幅画面母亲都笑得那么开心,我心里默默地流泪。

尽管早有心理准备,我还是无法接受现实,我一直想带母亲去国外转转,但这个愿望永远无法实现了。我感到愧疚,整日躺在小屋的沙发上,拉上窗帘,让自己沉浸在黑暗里,什么也不想做。按照医生的说法,我得了忧郁症,母亲的离去好像从我身体里抽去了一部分,我感到浑身一阵阵发冷。我时常想起母亲与我们在一起的时光,而这一切瞬间都消失得无影无踪了。

终于有一天,看到年轻的英雄熊宁的事迹报道时,我明白了一个道理,人死不能复生,如果母亲在天国看到我现在的样子,也会黯然神伤。我必须振作起来,母亲的一生本身就是自强不息的故事,而我的身体里流着她的血。

当我再次回到金唐的时候,脸上又洋溢着充满激情的笑容,过去的一年好像一场噩梦,现在是到结束的时候了。我感觉得到,美华人对我都有一种莫名的期待,一股无形中的力量正在凝聚。

新年钟声敲响的那一刻,节日的焰火照亮了茫茫的夜空,爆竹声声。我独自站在家中的阳台上遥望南方,越过莽莽秦岭大山,那里有老母亲安息的地方。此刻,她或许正静静地俯瞰着家乡小城的一江碧水,江堤上有她深爱的美华,有那么多熟悉的面孔,他们都像她自己的孩子一样。

我想,这时候的母亲也一定惦念着远在西安的儿子和家人,为我们祈福,祈福美华的明天会更好。

正如《圣经》里所说:爱如死之坚强,沉默里有着超越一切的坚守。

第九章

系统是最好的竞争力

如果一家企业总是走上坡路,不会产生改革的动力,从某种意义上说,问题发现得越早越好。

经过了 2007 年一年的波折,我一直在思考如何让美华真正健康起来, 它不应该只靠我一个人, 或是某一个管理精英团队。事实证明,我们的管理系统出了问题,再好的人才也无济于事。

我并不担心金唐的未来, 但更大的压力来自于我们的梦想。在中国的酒店行业,我们不想做一锤子买卖。当我宣告未来两三年美华要开十几家店的时候,所有听到的人都以为我疯了。

很多人并不知道,我还有把美华带出西安的狂想,可眼下要做的,不仅是挽救金唐,更要以金唐为支点打好企业基础,建立一整套行之有效的管理系统,让金唐的转身为美华的裂变式发展起到强有力的催化作用。2008 年是我们美华历史上具有转折意义的一年, 通过艰苦的系统建设, 我们一举扳回了 1000 万元的损失,业绩跃升西安同星酒店前三,被业内惊呼为"黑马"。

然而,这一年只是开始,对一家企业来说,重塑系统不像攻城略地那么过瘾,我渐渐摸索出了"532"法则:在企业管理系统的打造中,50%总结提炼企业过去的经验,30%借鉴成熟企业的经验,20%必须完全创新。

不要怕路远,关键是找对路。

一切从人心开始

　　说实话，当我捱过了一年的乱局再次走到前台的时候，很多员工心里都抱着半信半疑的态度，我也清楚地知道酒店的局面不容乐观，甚至是岌岌可危。金唐每天都还在往窟窿里填钱。

　　这就是我们的现实，在遭遇困境时，你不能靠伤心过日子，而是要积极正向地思维，想办法去面对它。该如何解决存在的问题呢？我首先想到了员工。**企业制胜的法宝到底是什么？有人说是市场，有人说是战略，有人说是管理，有人说是创新。但我认为，它们都离不开企业最宝贵的资源——员工。对于美华，员工是遮挡风雨的铜墙铁壁，是战胜艰难险阻的方阵，有了他们，我们可以创造一切奇迹。**

　　根据以往的经验，每一次美华的逆转都是因为重新激活了员工，他们的作为总是在关键时刻超出你的想象。

　　但在这个世界上，没有什么比疗心更难。

过去一年最大的后遗症是，员工与管理层之间已经形成了严格的等级，甚至到了见面不打招呼的地步。员工心里有委屈，犯了错误自己承担，也习惯了应付了事，像个冷冰冰的机器人。从来没有一个管理者认真想想，员工每天到企业来究竟是为了什么，他们到底有什么需要？

多年的经验告诉我，千万不能忽视员工的情感，如果你不为他们着想，他们就会抛弃你。

我感到诧异，金唐成立以来高层领导竟然没有召开过一次员工座谈会，一群熟悉的陌生人生活在两个世界中，看不到一丁点儿美华的传统。而在我们的食府，管理层每天早上会提前15分钟站在门口带着微笑问候员工，相互敬礼、挥手、拥抱、击掌，员工像主人一样挺着胸膛走进企业。

可金唐的员工怎样开始一天的工作呢？他们每天茫然地坐在酒店里，听不到一声家人般的问候，见不到一丝会心的微笑，这样的心情转而又抛向顾客。我们的员工得病了，一种可怕的精神传染病正每时每刻吞噬着金唐原本健康的体魄。

而与此同时，食府的早上却洒满了阳光，员工与管理层一起列队宣誓、高唱《团结就是力量》，然后开始15分钟的早会。店长首先预告今天的重点工作，宣布昨天表现好的员工和典型事迹，如果有新员工入职，大家会用热烈的掌声鼓励他做自我介绍，为他加油；然后，优秀员工上台发言，用1分钟的时间与大家分享昨天做出的亮点，具体是怎么想的，怎么做的。最后我们还设计了一些小游戏,跳跳舞,做运动,互相找要感谢的人说几句心里话,上级可以赞美下级,下级也可以夸奖上级,每个人都渐渐学会了如何表扬别人的艺术。

接着,晨读开始了,一本薄薄的《羊皮卷》读了一两年,为了锻炼员工的表达能力,我们还会组织小型的演讲,前后 10 分钟,在共同学习的氛围中成长。当员工踏入食府那一刻,管理人员已经特意把灯光调到最大,放起明快的音乐,一切都是那么的催人奋进。只有通过这些细节,员工才能拿出最好的状态投入一天的工作。

但所有这些在金唐都看不到,这里就像一个冰冷的地窖,挤满了一群心里长草的员工。

我能够理解员工的心态,在没有充分认识和接受你之前,他们对管理者说什么并不感兴趣,而是看你做什么。你必须拿出实际行动让他们感觉到你是与他们站在一起的,处处为他们着想。

我意识到,做好人心工程是拯救金唐的第一步,而心与心的靠拢要从最基本的沟通开始。

在 3 个月的时间里,我亲自安排了 20 多场群体性沟通,以及上百人次的单个交流。每次沟通时,我都会耐心地询问员工遇到的任何问题,讲完后,我会逐条陈述出自己的记录,并询问,"你刚才说的是这样吗? 你还有没有其他问题和建议? "

我不想让员工认为我们是在走过场,我们不要官样文章,沟通本身就是对普通员工最大的尊重。我不是高高在上的董事长,我更愿意他们把我当作朋友或家长,使他们有机会倾诉。

就这样,员工的心声一点点吐露出来,他们一肚子苦水慢慢流向同一个方向,汇聚在同一个地方。

员工的一日三餐首先成了抱怨的焦点,比如饭菜不可口,就餐时间安排不合理,厨师态度不好,就餐环境不好等等。听到这些抱怨后,我第一时间到金唐餐厅体验,他们说的一点没错。经过民意调查,员工对伙食的满意度只有12%。

实际上,员工餐厅是个很容易被忽视的角落,但却影响着每个人的状态。我马上找到员工餐厅的厨师,细细给他们说理,我们都是一家人,都是战友,应立即解决众口难调的问题。当员工前来就餐时,我们给他们一个笑脸,热情地打声招呼;盛饭的时候多问一句"还有什么需要呢"? 为了让大家能够心情舒畅地工作,多动动手,让餐厅看起来干净整洁一点。

问题其实是在于如何调动厨师的积极性,让他们觉得自己的工作有价值。其实这只需要动个管理的小手术。我们让酒店餐饮部直接与员工餐厅对接,酒店的大厨可以帮助餐厅厨师提升手艺,餐厅厨师也可以到酒店学习,厨师长直接由餐饮部管理,员工餐厅质量由人力资源部监督。

对员工餐厅厨房,我们承诺如果一个月员工满意率提高到30%,酒店奖励500元,个人拿200,剩余的300由他奖励给其他的伙伴。

紧接着,我带领酒店管理人员一起来餐厅打扫卫生,大家都来当顾客。只要有一点改观,我们就及时赞美、鼓励,如果有问题,酒店餐饮部和人力资源部必须高度重视,联合解决。在细节方面,我们只要拿出服务客人的一点基本素质就够了,员工在就餐时发现,桌子上多了用废易拉罐做成的放残渣的杂物缸,摆上了卫生纸,还经常备有切成小瓣儿的水果。

随后,我们又召开厨师座谈会,提出满意率达到50%的目标,每超过一个点奖励50元。同时进行成本核定,节约的部分50%奖励给厨师,但满意率如果因此而下降则要扣钱。

很快,员工的就餐成本每月不仅比原来降低了1元,而且满意率快速提高到60%以上。

照顾好了员工胃口的同时花大力气改善他们的工作条件。很多员工反映工鞋、袜子不够,没几天就出现磨损,劳动工具也不够。我们承诺用最快的速度解决,在不到一周时间里,酒店增配了高质量的工鞋、袜子,使用频次大大增加,工鞋每月一双,还空运配备了布草吸尘器。更衣室潮湿,我们买来了烘干机,更衣柜的门锁坏了,马上派人维修更换,问题不过夜。

这些举动看起来都不是什么大事,但一点一滴都不容忽视,就像一个爱整洁的人不会容忍家里的一点瑕疵一样,后来的酒店经理还曾经专门到员工宿舍体验入住,以找到需要改进的地方。

那段时间,我的职责就是当好生活委员,我们想尽办法解决员工的实际困难。同时集思广益,召开各部门座谈会,推行民主生活会。每个月定期召开的民主生活会上,只要有合理的意见,我们都会记录下来,酒店行政办公室会在3个工作日内拿出回复意见,5 天内由总经理召开专门办公会落实,7 天内与各部门进行协调、沟通,第 8 天以书面形式回复员工反映的问题,并在员工餐厅张贴。每 3 个月,公司进行一次管理人员工作作风调查,由员工进行打分。

我们还订立了一条不成文的规定，在企业召开的大会上,员工说话时间占 80%,领导说话时间只占 20%。

为了鼓励员工畅所欲言,我们专门在员工电梯入口处设立了董事长信箱,内刊上登出了我的电子邮箱。

每月 15 日的员工生日会同样需要精心设计,无论多忙,我都尽量抽出时间参加，高管和中层管理人员必须参加。生日会前,酒店准备好蛋糕、小礼物和生日贺卡,每张贺卡上的祝福语由管理人员根据每个人的特点专门拟写,告诉他们"你是一个什么样的人,你在哪些方面做得非常不错",然后由各部门的生日员工相互抽取,逐个念读。遇到特殊时候,我们会把员工生日会放在户外,大家一起郊游,举行爬山比赛,也经常安排在海底捞火锅店庆祝,一边让员工享受生日快乐的氛围,一边感受他们的服务文化。

记得我生日的那天,我特意为身边的人发送了一条短信:"人生三十九载,今日小有成就和收获源于背后站着可亲可爱的你。我幸运生命中遇到你,因为有你我才感到人生充实而有力,因为有你的支持我才会在漫漫人生路上奋力前行。愿上帝保佑我们共展人生蓝图共享人生！"

新员工入职不再是一件悄无声息的事情了，第一天走进美华,人力资源部人员会亲自领着你走访各部门。在欢迎仪式上,各部门经理都会参加,你会看到一张张友善的笑脸,每个经理都会主动介绍自己,让你一天之内认识企业所有的领导,以最快的速度了解美华,融入美华。

如果员工是第一次参加公司大会,我们会为他留出几分钟时间做自我介绍,也许他会因为害羞说得磕磕绊绊,但这并不妨碍我们用热烈的掌声欢迎新战友的加入。

不仅如此,对离职员工,我们要求做100%的沟通,询问他受了什么委屈对企业发展有什么建议,部分员工我们还会做离职后的二次电话沟通,或是请回美华做深入的交流。我们建立了优秀离职员工档案,利用各种机会发慰问信息,无论他身在何处,我们不会放弃任何一个对美华有感情的人。

为了保证沟通的连续性,金唐建立了制度化的沟通机制,每月定期举行沟通会议,每周总经理、副总与各部门都有沟通时间点,各部门之间有沟通日,有什么问题共同协商解决。同时,人力资源部设立了专职的沟通专员,要求每月跟优秀员工、新员工进行100%的沟通交流,将沟通信息及时上报经理,发现问题,我会和管理层一起研究解决方案,防患于未然。

正是靠这些细微的举动,原本状态低迷的金唐队伍很快恢复了生机,我们有了绝地反击的可能。也许有人会觉得我们的做法有些费尽心机,其实我们只是基于一个简单的理念:**伤害员工就是伤害企业。**

打造利益共同体

切身的关心与关怀只是第一步，我要考虑的是如何真正让员工兴奋起来。换句话说，他们在美华不仅要感到温暖，更重要的是，要有成就感。他们要感到是自己推动了企业的成长，反过来，企业也帮助了自己的成长。我的重点工作是为了一个共同的目标来打造利益共同体。

关怀给了员工家的感觉，而激励则是进一步引导员工行为的轴心，我们启动了初步的绩效改革。原来的金唐沿用的是酒店行业传统的工资办法，干好干坏、技能高低都一样，试用期内工资不变，这是典型的大锅饭；这回我们反其道而行之，首先对现有员工进行评级，对优秀员工实行差异化工资。其次，优秀员工的工资调整期由原来的 3 个月改为 7 天，也就是说，优秀员工到酒店 7 天后就有可能涨工资。按照老办法，我们开展了一帮一活动，徒弟带得好，师傅有奖金。

我们导入了新的激励机制,打破原来前厅、销售和餐饮各部分只顾自己利益的分配格局。按照过去的做法,销售部门的任务与前厅、餐饮无关,销售拉来的客人前厅不好好接待,整天想着相互抢顾客。现在我们把各部门统一到共同的目标中来,以全任务为考核指标的基础,然后再进行部门的考核,完成得好大家都有奖励,形成了彼此合作而不是竞争的新局面。方案出台不久,平均效益就有了30%的增长。

我梦想着打造一支团结紧张、严肃活泼的队伍,可以说,金唐的员工开始享受工作的乐趣。

"一线部门争英雄,二线部门争优秀"是我们的口号。每个月的员工大会上,我们都会根据业绩与表现评比出英雄团队和优秀团队,给予每个团队1000到2000元的奖励,个人可以得到100到500元。紧接着,我们开始按照事先制定好的各部门的阶梯性进步目标和行动方案,深入分析点评各个部门一个月以来的进步点。在这个过程中,我们非常注意弘扬先进、激励后进,安排部门优秀代表站在台上详细讲解自己的经验做法。

利用月会的机会,我们还会集体讨论制定出下个月各部门的目标与行动方案,挑战任务是多少,完成了大家会得多少,以及该如何完成,有哪些更好的办法值得借鉴与深化,同时也会反思与警醒。很快内部就形成了你争我夺的局面,成为英雄和优秀团队并不那么容易,有时候冠亚军只差微弱的0.25分,所有的团队都不甘落后。

一个可以算作酒店行业的创举是，我们每日公布经营业绩，通过短信平台，每个部门主管以上的领导在当天晚些时候都可以收到前一天的业绩数额，如果超任务完成，第二天就会兑现奖金。这样做的好处是，每个员工每天都将分享到昨天的劳动成果，接受部门领导和酒店领导的赞美。

可以想象，在每天的早会上，当员工看到自己的劳动果实这么快就有了回报时，还有什么理由不全身心地投入工作呢？在美华，经营业绩不是秘密，每个人都可以算出自己的收入。

在调动团队的积极性上，我们有意识地树立目标，提出了创西安知名酒店的目标，并就此目标进行了数场管理层讨论，鼓励大家献计献策，随后制定成功指南。对每个员工，人力资源部和部门经理帮助他们制定人生规划，如果员工觉得自己有潜力，可以大胆说出想法，比如打算用几年的时间成为主管、部门经理或是店长，然后管理部门会有计划地帮助员工成长。

培训体系的建立始终是工作的重点。员工分层、分期、分批加入培训，为充分调动员工参与培训的积极性，我们邀请员工一起研究培训方案，把培训课题设计权交给员工，目的是在植入美华愿景与理念的同时，让大家对培训充满新鲜感与期望。实际上，早在2007年，金唐就应该成为企业的培训基地，但一直没有很好地发挥作用。

值得一提的是我们的骏马特训营。2008年6月23日，在西安北郊民兵训练基地，为期三天两夜的美华酒店首期骏马特训营拉开了帷幕，14名骨干员工接受了特训。我亲自上阵任主讲老师，每天从早到晚站立授课十几个小时，直到双腿肿胀，喉咙沙哑，我要在60小时内激发每个人的潜能。

在很多受训的员工看来，我的行为近乎疯狂，授课强度远远超过了他们的想象。我们每天只休息五六个小时，早上6点开始跑操，接着是头脑风暴式的和互动。通过一系列活动，大家逐渐意识到，困难并不可怕，可怕的是面对困难时的畏难心理。

世界潜能激励大师安东尼·罗宾曾有一个理论，他认为，要想改变一个人的状态首先应该从改变肢体状态开始，肢体改变状态，状态导致行为，行为产生结果。对此我深有体会。为此，特训营安排了密集的体育竞技项目，很多员工一开始无法适应2000米的长跑，没跑几圈就脸色泛白，叫苦不迭，但在我的鼓励下，所有人都坚持着跑到了终点，我要让他们真正树立起战胜自我的信心。这样的体验式培训更像是一次洗礼，参加受训者一开始就会遇到挑战，原有的心理弱点和身体极限会毫无遮掩地暴露出来，他们根本没有时间分心，比上班要累得多。

精神引导是课程中必不可少的要素，为了塑造每个人的信心与团队精神，我必须拼尽全力激发每一个人。

与此同时，我们的培训几乎无孔不入，每周六上午是美华员工的学习时间，大家坐在一起分享读书、管理心得和观看光碟。我们启动了系统的内训制度，有计划地组织各种课程考试，并颁发结业证书。每一个新员工在入职前都要接受企业文化、基本服务礼仪、岗位知识等 8 个板块的培训。我们还参加了汇集国内外一流培训专家的网络商学院的学习，明星员工可免费参加。只要有需要，我们会毫不吝惜地送骨干员工到上海、北京等大城市学习适合的课程。

有一点值得强调的是，那些有机会外出接受培训的员工，回来后第一件事就是想着如何与自己的团队分享。在我们的月会上，我们会为分享留出足够的时间，把他们的所学所感传递给更多的人。

我常常告诉管理层，衡量他们业绩的不仅是有形的工作成果，更要看他们培养出了几个优秀员工。

应该说，人力资源部门在 2008 年的扭亏战上扮演了重要的角色。按照我的设想，我们进一步强化了员工评级制度，员工分为 1 到 5 星等级。每个月人力资源部都会制订出明确的业务培训计划，新员工必须到达岗位后实行以老带新，每个新员工配有导师。相应的，各部门每月有具体的业务技能培训计划，包括内容与时间，由人力资源部培训专员监督。在那个时候的金唐，经常可以看到各部门组织的角色模拟演练活动。

最关键的一点，我们将客户满意度与工资直接挂钩，80 到 90 分为一般，80 分以下为不满意，90 分以上为满意，95 分以上为很满意，达到满意不奖不罚，奖励很满意，累计 3 个月不满意一定处罚。

人人头上都有监督考核指标，对于不直接待客的二线员工，我们决定由一线对他们打分。我们还推出了内部服务满意率,要求各部门高度配合,如有互相推诿,马上纠正处理。人力资源部门本身也有硬指标,新员工到岗及格率达到80%才算合格,一般员工到岗时间不能超过20天,基层人员1个月,中层管理1个半月。对于管理层的重要岗位,我会亲自做长时间的面试。

这些措施实施两个月后,金唐的精神面貌焕然一新,每个员工都找到了自己的位置。在具体工作中,他们会自主地想办法,每个人既是一个独立的工作主体,同时也是团队的一分子。

当然,奖罚分明同样是美华文化的一大特色,制度一旦出台,遇到谁也不会亮绿灯。很多酒店高管,包括我自己都交过罚款。就拿我们的会议制度来说,制度上明确规定迟到一分钟罚100元,会中不准接手机,不准交头接耳,所有与会者必须保持标准姿势坐立,中途不得擅自离场。

但从我的内心来说,我并不想看到制度对行为的扭曲,只是想让美华人形成与众不同的工作作风。**作为一个企业领导人,比谋事更重要的是谋人。而在我看来,所谓卓越的领导艺术,其实是建立在心理学基础上的一门综合艺术。**

实际上,企业没有一成不变的领导模式,我们的做法也不是放之四海而皆准。从某种意义上说,它是美华变革时期的产物,随着企业发展实际的变化,我们会探索更有效的方式。

但无论如何,一家企业最可贵的,就是员工对企业要有责任,有神圣感,视企业的目标为自己的使命。在美华,我们明确

提出摒弃三种人：光说不做的人、小事做不好的人、不思进取的人。我们提倡美华人的"三干"：一是要想干，提倡主动工作的意识；二是要肯干，有乐于工作的态度，忠诚于自己的工作，敬业工作；三是敢干，我们鼓励任何人创新，不怕员工犯错，出了错误，管理者要勇于负责。

令人欣慰的是，至少在2008年上半年，我们的很多管理举措就像一块块投入深潭的石子儿，一开始只是泛出一点微不足道的涟漪。但很快我就预感到，一场裂变式的惊涛骇浪即将从内部升起。

规范化是立足之本，差异化是竞争的关键

　　如果你看到这里，以为我们仅仅是做好了思想工作，推出了一些激励措施就快速扭转了被动亏损的局面，那么你就大错特错了，我们的大量工作还在后面，关键是下好一整盘棋。解决系统性的难题有时候和下棋一样，高手的高明之处就在于，常常能看到最紧要的落子点，也就是找到激活整盘棋的"棋眼"。对手会不自觉地跟着他的路数应招，几步之后，形势已豁然开朗。按照我的理解，做事要分轻重缓急，考虑优先次序，做正确的事，而不是仅仅是正确做事。

　　人心工程之后，我们开始着手品质工程，没有超值的服务，我们很难赢回顾客的口碑，那么哪里会是让顾客立刻就能感到金唐变化的突破点呢？我们首先选择了与顾客的第一个接触点——安全部作为品质工程的样板部门。

　　道理很简单，酒店门口的服务水平是顾客的第一印象，你必

须在第一时间俘获客人的心。当客人驱车进入酒店的地盘时,传统的服务是以控制为主,告知客人应该怎样停车。而我们则相反,看到客人时,服务自动进入状态,年轻的保安员首先会展示漂亮的敬礼。这个标准动作已不知演练了多少次,它会瞬间给客人传递一种新鲜的尊贵感,告诉他这是一个不一样的酒店。还没等客人缓过神来,保安会抢先一步为他打开车门,同时热情地问好。对于酒店的常客,我们会提供免费擦车服务,或是为等候领导的司机免费赠送报纸、矿泉水。

我们的保安都经过系统的业务培训,他的头脑中有一张城市的活地图,客人们问路时不会失望。对于乘坐出租车离开酒店的客人,保安还会记录下车牌号码和详细的目的地,以确保客人的利益。事实上,金唐的保安部门很快成了酒店一道流动的风景线,小帅哥们都干得热火朝天。

当客人走进前厅,同样会感到春天般的温暖,我们甚至对微笑都有制度化的流程:客人进入员工3米之间的距离时,我们要求员工要抬头,斜视客人的左眼角,同时露出微笑;客人走进1米的时候,一定要开始点头,再走近的时候,开口问好。客人走的时候,如果员工不是很忙,应该目送客户6秒钟,以免客人突然又想起什么转身询问。在跟客户对话的时候,我们要求10秒内点一次头。所谓的真诚友好,其实也是不断摸索与训练的结果。

服务质量是酒店经营的生命线,我们必须始终围绕顾客的需求,想尽一切办法出奇出新。一倍的付出,可能会换来顾客数倍的回报。一次，一位看起来并不特殊的客人到酒店探访，我们的接待人员热情地带领他参观、讲解各种房型。谁知没过多久，这位客人的公司就成了我们的协议单位，这位员工也因为这个有些意外的收获登上了内刊《美华风采》的红榜。

我们同时建立了服务跟踪系统，对于常住客，酒店高层会亲自登门拜访，询问客人的感受，以便及时完善。我们对客人的有效投诉视若珍宝，当客人在某一方面不满意时，我们会刨根问底，如果确实可以改进，我们会赠送客人免费的房券、自助餐券或是茶券等等。在客人离店的时候，前厅备有意见反馈书，少数离店的客人，我们的客服人员还会电话询问。

为了提升服务质量，我们在力所能及的范围内不遗余力。比如，有客人反映餐厅口味不到位，我们立即调整了菜品，改进质量；客人就餐结束一打招呼，服务员已经预先打好了账单；客人嫌房间的网速慢，我们将光纤速度从 2 兆升级到 6 兆；退房时间延迟到下午 2 点，重点顾客延迟到 4 点，少数客户延迟到 6 点。同时，我们招聘了部分熟练工，推行标准化操作。

实际上，每一个普通的环节，每一个平凡的岗位，都蕴藏着无穷无尽的创新空间。就怕你不主动去想，想了却不去做。真正难的不是想出好点子，而是如何将其变成制度，纳入工作流程。

员工们很快通过客房卫生质量保障体系认识到了制度的意义。为了从根本上杜绝客房卫生的疏漏，我们实行了每日查房制度,设立专职质检人员,发现问题后随时召开现场会,每天例会报告检查情况。我们还建立了卫生质量投诉责任链,遭到客户投诉一次员工罚 10 元,领班罚 20 元,主管罚 40 元,经理罚 80 元,副总罚 160 元,总经理罚 320 元。

对于当时的金唐来说,推行服务流程的标准化并不是件容易的事情,既要周密,又要合理;既要刚性,同时还必须预留一定的弹性。

后来在我的亲自示范下,员工慢慢理解了制度的必要性,从最初的不适应转变为自我的严格要求。当然,这种管理制度也是阶段性的,当质量达到一定程度后,我们也就相应取消了。

标准化一直是中国企业运营的难题,这一点在服务行业表现得尤其突出。据说麦当劳、肯德基的流程操作手册摞起来有几米厚,看来我们还远远不够。我确信一点,成功的经验应该是可复制的。

赢得了人心,加强了品质建设,该是向利润进军的时候了。一位西方经济学家曾经说过,企业运营其实只有两个概念:一个是成本,一个是利润。对此我举双手赞同,我们就是这样做的。

首先,我们必须变被动经营为主动开发市场。让人担忧的是,我们的客源结构严重不合理,来酒店的大多是团队,折扣低,我们要重新回到当初的客源定位——商务散客上来,这时候就需要万箭齐发,有针对性地吸引主流客源的注意力。为此,我们拟定了详细的全年经营任务,以及客源构成、开发市场的具体步骤。

大家都认识到,金唐的真正改观要靠业绩说话,而不是单纯的管理。

既然已经锁定了目标,我们自制的各种武器就立刻有了用武之地。营销一向是我的最爱,每次我们按照计划布下天罗地网,收获总是丰厚。

毫无疑问,陕南是我们的第一战区。西安作为全省的政治、经济、文化中心,大量的商务客源会滚滚而来,更有利的是,美华这些年来在陕南有着深厚的口碑积淀与客户资源,从情感上更容易认知。

为了撬动陕南,我们通过各种渠道向潜在客户寄送资料,发放了两万多张贵宾卡、乡亲卡。同时,将陕南身份证视同贵宾卡,对于 VIP 客户,让他们享受特殊贵宾专享待遇。

与此同时,对于团队客户,我们不再依赖本地中介公司,而是派销售人员奔赴北京等城市的各大旅行社,直接签订消费协议,建立长期的友好关系。我们每个季度会召开客户座谈会,请他们对酒店的管理、产品、价格、服务提意见,尽可能拉近客户与我们的心理距离,培育忠诚度。

我认为,酒店的服务秘诀不外乎这样一个简单的道理,不仅要让顾客满意,更要让他们对你的服务感到惊喜。这就意味着,要永远站在客人的角度为他考虑。

不可否认,客户最敏感的是价格,我们打通了网络渠道,根据季节,采取阶段性多变的价格政策,鼓励员工开发、留住散客。外部宣传上,机场广告、DM 杂志、行业杂志、行业报纸的专栏四面出击,一个也不少,我们要在最短的时间里让客人感受到一个新崛起的尊贵商务酒店。

一手开源,另一手节流。在保证质量不下降的前提下,我们建立了严格的成本核算体系。对每个月的水费、电费、易耗品、清洁维护费、行政办公费等,按收入比例核算,既制定了具体的管控措施,同时将节约的部分与个人收入挂钩。比如餐饮部,成本与采购人员、餐厅经理、厨师长、验收员、厨师都有关系,如果有节约,按照相对应的比例奖励,反之则扣罚。

高层同样实行当月毛利润总额与工资挂钩,超支部分减扣,提高部分按比例分成。这种做法立竿见影,2008 年金唐总成本降低了 5%,节约了 300 万元,营业收入增长了 1.5 倍,人均工资有了 20%~40% 的增长。

每周三,金唐会召开小范围的经营分析会。每月上旬,我们会召开上月经营分析会,不断寻找增收节支的突破点,针对经营数据,深入进行总成本与分项成本分析,力争拧干毛巾的最后一滴水。

对于企业来说,增加一分钱的收入并不意味着增加一分钱的利润,但节约一分钱的开支就等于增加一分钱的利润。节约的背后是观念,观念决定行为,行为形成习惯,习惯左右我们的成败。企业发展得越大,越要懂得小经营,越要重视精打细算,积小胜为大胜,才能大获全胜。

我们不会没完没了地讨论，凡有新的举措，我与管理层沟通到一定程度，获得了基本的理解与支持后，就发动大家去尝试。同时，我们会承诺保障原来的利益，就这样一步步赢取员工的信任。

我深深体会到，**企业管理系统的打造非一日之功，要做好一件事情不容易，今天做好了不代表明天、后天一直能做好，难就难在把一件事情持续地去做好**。企业管理不能搞花架子，也不能刮"一阵风"，要找到适合自己的管理模式，关键的一点就是工作要有连续性，要坚持下去，不可半途而废。因为一件工作，做到一半，或者取得了一点成绩，就满足了，就停下来了，那么做的工作的收益就不大，没有什么效果，"行百里者半九十"就是这个道理。

同时，再好的制度，再有效的办法，如果不去实施，不去认真考核，也只能流于形式，成为一纸空文。

我曾经打过一个比方，习惯在开始形成时，要靠制度来强迫。就像快车走快道，慢车走慢道，制度好比是安全带，习惯了不系反而不习惯了，这就是制度变成了习惯。这个强迫的过程，就是引导，就是企业的力量之所在。

事实上，2008年是美华大举进军中国酒店行业的起跑年，也是我们核心竞争力真正形成的开始。从某种意义上说，我们之所以打了一场漂亮的翻身仗，就在于开阔了思路，颠覆了常规，走出了一条适合自身发展的路。如果我们只是跟在别人屁股后面追赶,永远不可能有超越的一天。

我注意到一个简单的事实:为什么当管理人员照搬西方酒店的管理经验,结果却是南辕北辙?是我们后来的做法高明了吗?也不尽然,但我至少认识到了一点,创造价值才是唯一的出路。我们最大限度地调动了每一个员工的积极性,全员销售,全员参与管理,全员控制成本,全员关心收入。

2008 年底,我们交出了一份漂亮的答卷。在那次难忘的年终大会上,每个员工都领到了一份荣誉证书,我知道真正创造奇迹的是他们,我们并肩作战,度过了一个个充实而紧张的日夜。

还记得这一年 2 月的最后一天,我刚刚走出母亲离去的心理阴影,孤身一人到金唐出任总经理时,我们正四面楚歌,没有几个人看好美华的未来。金唐像是一座风雨中的孤岛,不知何往。那时的心境恐怕很少有人能体会。漫漫创业路,从来没有一帆风顺,风暴随时有可能从平静的海平面上升起,当你发现风暴即将来临的征兆时,实际上已无处躲藏,沉沦与幸存只在一线之间,不知过了多久,风暴远去,你发现曾经的收获几乎荡然无存。接下来,挫折感会像魔鬼一样攫住你的心灵,好像要把你一口吃掉,你会坐在船舷上垂头丧气。

如果你是一个真正的创业者,对成功有着不可遏制的欲望,你就该庆幸自己刚刚经历的一切,甚至要感谢它的洗礼,因为风暴以一种特殊的方式,使你回归了理性。

战胜了自己,也就赢得了未来。

第十章

创业是一场人生的修炼

一个人只有经历足够的风雨，才能积累宝贵的经验，只有真正体验过，才能有所感悟。

创业 20 年来，我每天都快如轮转，时常工作到凌晨两三点，难有机会系统地梳理和总结自己的心得体会。这段时间，我总是在夜半时分才能抛下白天的工作，努力使自己进入一种平和而舒缓的状态。我惊奇地发现，当我回首往事时，那些自以为熟知的记忆令人惊异地开拓了我的视野。

我越来越觉得，对一个真正的创业者来说，最难的不是怎样完成了从无到有、从小到大的积累过程，不是怎样又一次度过了难关，更不是又得手了一块新领地，而是心智的成熟与健康。

一个人的成熟不是一天两天的事情，如果没有 20 年的创业经验，如果没有全身心的投入，我也无法体会到其中的真谛。实际上，很多心态的自我训练与完善，是一个逐渐修炼的过程。

245

感恩世界,珍惜自己

这些年来,在我的内心深处,不知多少次响起感恩的声音,这两个普通的字眼已经融入了我的价值观。我常常告诉每一个员工,工作的意义就是成就自己,幸福家人。

我时常由衷地感叹,一个人能够来到这个世界上是件多么幸运的事情呀。从某种意义上来说,我的到来是一个意外,是一次次小小的偶然,正因为生命的来之不易,所以,我要加倍去珍惜,去奋斗!

我感恩父母,没有他们的孕育就没有我,感恩他们赋予了我一个健全的体魄,使我能够做自己想做的事情。同时,我也常常感恩那些在事业危难关头帮助过我的人,没有他们,就没有我的今天。如果要列一份感恩清单的话,我一定会写满几页纸,未来清单还会越来越长。

记得 10 岁那年,有一天我随一位老乡到河里玩耍,刚下水就脚沉了下去，一番无力的挣扎之后，我彻底绝望了，那是我第一次体验到生命终结的感觉，我觉得一切都完了。就在我即将失去知觉的一刹那，一双大手挽住了我，将我托起了水面。

很多年过去了，我依然清晰地记得当时的场景，遗憾的是，我已经记不起那个救命恩人的样子了。事实上，在我的感恩清单里，一直有他的身影，我知道是一个素不相识的人给了我第二次生命。

那么，我既然来到这个世界上了，又该怎么活下去呢？让我们来想象这样一幅虚拟的场景。

在茫茫大海上，你所乘坐的巨轮撞上了冰山，顷刻间就要沉没，所有人都本能地想活下来，但船上只有一艘救生艇，这时候你身边有老人、妇女、儿童，还有像你一样健全的年轻人。危急关头，船长决定投票表决生死，按票数的多少依次上救生艇。如果出现这种情况，你投自己一票，就有可能活下来，反之，你将没有生的希望。这时候，你会把票投给自己，还是投给其他人呢？

如果你把票投给别人，有个声音会问你，你为什么不珍惜自己的生命，难道你在这个世界上是无足轻重的吗？如果你把票投给自己，那么你是否想过，你活下来究竟是为了什么，你能给这个世界带来什么呢？进一步的问题是，如果你是幸存者，你将怎样对待世界，对待身边的人呢？

这个故事并不是要评判你的道德水准，选择自己活下来无可厚非，是为了让你从内心感知生命的价值与意义。它要告诉你的是，人活一世，应该懂得感恩世界，珍惜自己，然后采取相应的行动。

我深深体会到，如果以感恩之心对待世界，世界就会变成另外一番模样。没有感恩，我只能停留在当下，每天我都这样告诉自己："我想让宇宙帮助我，实现更大的成功与梦想，让我获得更大的幸福与快乐，于是我要感恩。"很多事情我一时不知道该怎样去干，但感恩的心最终会让我得到想要的帮助。

我常常告诉员工，如果懂得用一颗感恩的心对待世界，能做到这一点，就是德的源头。简单地说，**如果一个人懂得感恩世界，珍惜自己，就能从宇宙中获得源源不断的能量，成就圆满的人生。**

认可他人的价值

　　我刚入行的时候,可以说什么都不懂,我只是想往前冲,很多事情都是员工和合作伙伴干出来的。

　　虽然在企业的发展过程中,我主导了总体的方向与节奏,但这一切都是因为我个人的能力吗? 当然不是! 真正创造价值的是我的战友们,从一个清洁工、厨师,再到一个基层员工或是中层管理人员,或者一个核心高管,他们每天都周而复始地付出着,功劳有他们每个人的一份。

　　如果说一件事情的决策由我来做出,我认为决策只能起到10%的作用,剩下的90%要靠大家来执行。

　　我可以把握企业发展的方向,但仅仅靠方向就能到达彼岸吗? 答案当然是否定的。 我越来越感到,随着企业规模的扩大,我的思考半径更大了,琢磨出的方法更多了,但执行不是我一个人所能完成的。 因此,我必须在内心深处认可他人的价值,要让身边的人找到自己的价值和尊严。只有做到这一点,我们的事业才能越做越大。

就企业的发展而言,我更愿意看到我们的平台上挺起一座座山峰,每个有能力的人都可能长成一座山峰,我会非常享受这条山脉的风景。如果不这样,我们的未来将只能是一座山丘。

我常常告诫自己,接受别人的缺点是变成优秀的开始,接受别人的优点则是伟大的开始。作为企业的领导人,我必须容许别人在很多方面超过我,在某些时候我会告诉他:"你闪亮的时刻到了!"

实际上,要做到这点并不容易,我自己也是一点点体会出来的。创业初期,当内部的某个人做得非常棒,逐渐成了员工焦点的时候,我心里也会暗暗生妒。而现在我会暗暗高兴,为企业拥有他而骄傲。

一开始,我接受、认可别人是被迫的,到后来是自愿的,虽然今天其实还没有做到安全自动、自发的境界。但我越来越明白,只有认可他人的价值,把更多的机会让给其他人,我们的愿景才有可能实现。

在具体的目标中通向愿景

　　对于一艘没有航向的船来说，任何方向的风都是逆风。 从一定意义上讲，目标比愿景更重要。

　　1996 年企业创立之初，我们并没有宏大的愿景，只知道没日没夜地干，活下来就是我们的愿景。随着实践的磨炼，我们的羽翼渐渐丰满，直到 2001 年我在北大的一次学习，我们的愿景才真正清晰起来，就是要为顾客提供优质的酒店服务，让美华有朝一日走出国门。

　　这个愿景并不是天方夜谭。记得 2009 年的欧洲之行，应该说最让人感到惬意的时刻，是坐在人气喧闹的中国餐厅品尝熟悉的菜肴。车行路上，大约每走四五个小时就能看见一家有着抢眼标识的中国餐厅，他们生意通常都比较好。到饭店时，总能看到透亮玻璃里面的人在交杯换盏，而餐厅外面是排队等座的顾客。中国餐厅的火暴证明了一点，就是被需要。这就像喜来登，为什

251

么它敢在世界各地开那么多酒店,探究原由,就是美国人在给他作支撑。大量奔赴国外的美国人,肯定会选择美国人开办的酒店,他们要求的是生活方便,消费的是自己熟悉和喜欢的文化。

同样道理,中国经济发展势必会成就一批民族企业品牌,这是实际生活需要,也是国际化的外在体现。但在我们的欧洲行程中,没有住过一家华人酒店。随着中国国力的增强,中国人慢慢开始有钱了,有大量的人出去旅游、经商,这其实就是美华国际化发展的机会。

作为华夏子孙,无论我们走到哪里,最关注的还是我们自己的国家。我个人的感觉是,中国好像一头睡狮,经过一百年的浮沉已今非昔比,在全球经济中占有举足轻重的地位。这头睡狮醒过来了,它正慢慢站起来,迈开脚步,再由走动变成了慢跑,越来越大的动作幅度惊动了四邻。身为龙的传人,我们有责任为中国融入全球化的进程尽一份绵薄之力。

有了愿景,就要有目标。多年来,我是个比较有目标感的人。我的人生规划不仅印在脑子里,更是写在家中的各个角落里,如果你有机会到我家里做客,一定会惊奇地发现我的未来基本都用文字视觉化了。

我曾经想拥有一辆宝马车,就把这个小小的心愿写在案头的墙壁上,而且计划好了时间,这样做的目的不是祈福于神灵,而是激发自己每天去努力,有趣的是,愿望很快就实现了。

当你有一个信念想要完成愿望时,就像在内心种下一粒种子,不断浇水,生根发芽,一定会实现。

很多人终其一生都没有目标,或是目标大得离谱,无法实现。**我的经验是,目标不宜定得过高,制定目标要先小后大,逐步实现,目标靠行动达成。成功有三部曲:想法、办法、行动。**如何做事?自己如何改变?要改变什么?要找出原因,设定具体行动,用措施方法来衡量,在达到目标的路途中,要考核自己做到这些事情没有,给自己制定一张进程表,不断比照,不懈努力。

开始制定目标时一定要贴近现实,只有一步步靠近预先设定的目标,才预示着你的个人价值在不断增大,奔向成功的道路才会更加宽广。制定目标后,一定要列出详细实现目标的种种行动方法,并真正付诸实际行动!同时不断找寻差距,不断寻找更加切实可行的方法,坚持到底直到成功!

企业同样需要目标,10 年前,我们提出打造安康地区一流酒店;2009 年又提出打造陕西一流酒店,要开 20 家店的目标;到 2015年,我们要经营管理 180 家酒店,做中国精品商务酒店的领跑者。

目标不是给别人看的,而是给自己用的。也许我某个阶段没有完成目标,但我不会过于自责,也不会因此而动摇。事实上,目标可以做动态的调整,回头过来你会发现,只是实现的过程中出现了插曲而已。

所谓成功,其实是一个个连续目标的攻克,一个组织的目标管理越清晰,成功的可能性就越大。我常常告诫员工,要胸怀伟大理想,同时更要脚踏实地工作。

思想先导，行为配套

这些年，我与酒店同行的交流经常会聚焦到一个共同的话题，即如何打造一支忠诚、高效的员工队伍。

按照我的经验，企业高层稳定期一般为 3 年，中级人才 2 年，基层员工 1 年，普通员工 3 个月。相应的时间段里都是风险期，越接近时间点，员工心态越不稳定，稍不留神就一拍两散，但又无可奈何。那么如何解决这个令所有管理感到头疼的问题呢？

首先你要找对合适的人。不仅要一见了人才就两眼放光，还要理性地思考企业有没有能力将其转化为企业可用之才，如果不能还是小心为宜。建立相互认知需要双方的基础，也很花时间，但没有捷径可走。

转化需要前提，在引进人才前，我会判断，他对企业的使命与愿景是否真的认可，对领导人的人格是否认同，对企业为人处世的方式是否接纳，对企业的制度与流程是否习惯，是否愿意共同

254

构建企业的系统建设。

人的表现一般分三个层面：灵魂、意识、行为。归根结底，企业要解决心灵层面的问题。如果光看一个人一时的表现，就像一见钟情一样，但感觉来得快，去得也快，经不起时间的考验。

相对于美国企业来说，我更欣赏日本企业员工的敬业精神。美国企业更多以行为为导向，通过完善流程与制度让员工纳入轨道。这种管理文化建立在美国人先天对制度有一种敬畏之心的基础之上，他们的宗教信仰与后天的教育水平，塑造了员工很强的自我约束能力。美国人崇尚个性自由，尊重个人权利，但这种自由、尊重与普遍遵守游戏规则并不矛盾。

日本企业恰恰相反，讲求思想先导，而后行为配套，将东方伦理与资本主义制度融合得几乎天衣无缝，这也是为什么日本能在二战的废墟之上迅速崛起，成为世界第二大经济体的原因之一。日本企业制度很先进，同时崇尚奉献、忠诚，有着极强的民族责任感，值得我们学习。实际上，中国的很多成功企业，无一例外都在思想先导方面下过很大工夫。

2008年11月，我曾随团考察日本，短短一周走访了10多家知名企业。印象很深的是，日本的员工介绍自己的企业时都流露出自豪感，他们把企业当成自己的家，甚至上升到了民族情感上。日本员工的流动率不高，很多人在一家企业一干就是一辈子，那里的中国员工也是对企业死心塌地的。

日本的很多现象耐人寻味。晚上11点多，写字楼还灯火通明,人们好像没有下班的概念,少数人会工作到凌晨两三点。为我们开车服务的老先生已年过60,仍干得很起劲,认为累死在岗位上是一种光荣。机场柜台的服务人员换登机牌时会主动站起来,露出谦和的微笑,耐心解释你提出的任何问题,俨然工作是一种使命。到了商店,即使你不买东西,服务员也会彬彬有礼地欢送,有时候还会送些小包装的试用品。在日本的高速铁路上,工作人员的热情、礼貌感觉像是乘飞机。在世界排名第一的广告公司日本电通,大厅里有个屏幕,一个动漫人拼命奔跑,每个员工一早上班看到屏幕就自觉地加快速度;负责接待客户的柜台服务人员都是资深员工。在三得利啤酒公司,员工不过500多名,一年的产值就超过40亿元人民币,其高效率可见一斑。

日本的企业家很务实,都在工作,没有功夫爬山、跳伞、打高尔夫,与国内大异其趣。他们骨子里有个信念,老板永远是业务员,必须终身勤奋,哪天自己不敬业了,就是企业衰落的开始。与之相对应,日本的优秀企业通常专注某个方面,耐得住寂寞,用三五十年成就一个传奇。

但如果你进一步了解,就会发现这些现象有深厚的社会基础。日本人是个非常注重思想教化的民族,在京都,大大小小的寺庙就有2000多个,这在中国是不可思议的。企业每个月要举办各种培训和思想教育活动。下了班后,管理人员经常会与员工一起到居酒屋喝酒,情感交流频繁。

尤为引人注目的是,日本的教育真正是从娃娃抓起,确切地说,是从母亲抓起。妇女在家抚育孩子是项神圣的职业,是为民族培养下一代,政府有补贴,生小孩也有津贴。日本女性在婚前、产前要进行系统的培训考核,包括学习如何优生优育、怎么料理家务、如何与婆婆打交道、如何照顾家庭,以及自身艺术素养的提高,总之,几乎囊括了一个女人后半生中的所有功课。

正是这些一点一滴汇聚成了一个无形的控制系统,让我们看到了一个高效运转而又井然有序的国家。日本街道整洁,宛若盆景,每一寸土地都经过精心的人工打理。路不拾遗,夜不闭户。日本乡村很美,生态、自然、舒适,农民在路边卖菜,将菜捆成堆,旁边放着收钱的箱子,无人看管。

反观国内,差距是显而易见的。愈感日本的强大不是空穴来风,而他们的忠诚、敬业、周到、礼仪,恰恰是美华所倡导的。一个民族的成功都离不开这些最基本的品质,何况一家企业呢?

日本之行使我懂得了,要建设好一个国家或企业非一日之功。由于文化背景的相似,他们的很多经验都可以移植,我们应该奋起直追,比他们做得更好。我改变不了世界,但至少可以影响一个群体。

心胸决定格局，分享创造激情

一个创业者的心胸有多宽广，事业的半径就有多大。这一点说起来容易，实际做起来很难。

我们和战略合作者谈判有个前提，如果对方同意拿出一定比例的利润与企业员工分享，我们就继续谈。同时，这个条件也是试金石，如果对方斤斤计较，我们对合作的未来也不抱太大希望。

这点与我个人的价值观有关。"分享"是美华企业词典中最重要的关键词之一。2008年，我们明确提出今后的美华要实现员工内部创业，人人都有机会成为股东，成为企业发展壮大的参与者和实践者。

我认为，60年来中国发生的最大变革就是土地改革。它将集体的土地分到个人，承包到户，对资源进行重新划分，势必带来分配制度的重大改变。应对变革，美华也在行动。过去我们更多是在等发展，现在，我们要造个舞台让大家来共舞，这就要杜绝过去那种"等、靠、要"思想，要确定明晰目标，共同聚集在美华这面旗帜下齐步走，共同付出，共同分享，提升价值。

2007年底，即使我们一年亏损了1000万元，年底还是拿出40万作为股权分红。2008年，我们提出2009年要为有突出贡献、忠诚度高的员工兑现10套房、5部车。目前，根据当年业绩，我们把利润的15%~40%拿出来集体分享，总经理可以分享到利润的5%~10%左右，助理、副总是总经理的45%~60%，利润的10%给一般员工。这个比例还会逐步提高，经营分红所有员工都可参与。未来两三年内，美华要建立一套明晰的利益分配机制，最终我们还要通过资本市场给大家一个回报。

事实上，我们的做法并不新鲜。2007年元月，我到蒙牛乳业集团考察，蒙牛他们所提倡的"财聚人散，财散人聚"的企业分配观深深刺激了我。我觉得自己以前做得还不够。现在在上海创业，我暂时租房，如果购房就会首先考虑为高层管理人员购置。媒体曾报道过一家地处西藏搞科技的企业，创办人为了吸引人才，先给每个员工发10万元奖金，实际上这个时候企业还一分钱收益都没有，但结果却实现了纳斯达克上市。

既然有人敢用未来的利益办今天的事，我们为什么舍不得把百分之几十的利益分享给员工呢？

客观地说，我们也曾走过弯路。美华创业伊始，我们一心想着赶路，员工起早贪黑，无怨无悔，首先的压力是要活下来。我知道大家的辛苦，他们的行为让我感动，那时候的我虽然有企业与员工同成长、共受益的想法,更多还是靠个人情感在维系。我常说的话是"大家好好干,年底不会亏待大家",但并没有形成明晰的规则,理念没有落地,员工不清楚干到什么程度拿多少收益。实际上,我个人的标准与每个人的心理需求都不一致,也在一定程度上造成了管理层的动荡。

2006 年,我们彻底改变了以前模糊化的做法,实现了三个转变:一是从我一人决策到集体研究;二是从"我给多少"到"大家一起赚多少";三是颠覆了酒店行业的传统做法,奖金加分红占到核心员工收入的 60%,打破大锅饭,为企业注入了澎湃的激情。

我深刻意识到,企业的凝聚力靠文化,这种文化像火种一样在员工间传递,在各地生根发芽,开花结果。执行力靠系统,用培训和标准将员工导入可操作的行为模式。而战斗力则要靠有效的分配机制,没有分配就没有结果,分配是企业管理的牛鼻子,不能忽视员工的利益追求。

我们要让每个员工感觉到他是企业的主人,到企业来不单是劳动的,还能赚到钱。员工和企业都是平等的,真正像家人一样坐在一起,不再是传统的打工者。当我们都是企业主人的时候,所有的事都可以敞开讲,所有办法都可以想,只有共同的参与才会有共同的方向。作为我,只是多了一种身份、一种责任,是企业最后的坚守者。

从根本上说,创业者的使命就是保持一支由积极进取的人组成的团队,把不可能的事情变为可能。

我不能让跟随我的人一直在希望中，最后得到的却是失望。我要在一开始就给他们来个惊叹号！

成就取决于与谁同行

这些年来，我一路在黑暗中摸索，我知道奋斗的方向，但时间久了，也会迷路。所以，每到一个阶段，我就会通过学习到外面找亮光。我个人最奢侈的投资就是学习，每个月都要充电。

学习至少有几个好处：第一，别人的经验可以给我带来经营企业的启示；第二，在与学员交流时，我发现很多难题并不是我一个人所遇到的，原来很多人都在寻找突破口，这会增强我的信心，敢于勇往直前；第三，有时候外出学习其实是给心情放个假，换个环境后很多事情会豁然开朗。

对我而言，学习更是一次次心灵的净化。接触到越多的优秀企业，我就不会对眼前的成功沾沾自喜，看到很多比自己做得更好的企业家，我的奋斗之心会更强健，做人会不自觉地更谦虚。正是在学习中，我才有可能发现自己身上需要完善的地方，通过别人，我看到了镜中的自己。

同样一堂课，每个人所学到的东西都各不相同。在学习的各种活动中，我有时候会扮演领导者，也会扮演领导的副手，扮演中层干部，还会扮演普通员工。种种不同的角色扮演使我有机会体验到了各个层面的心理感受，更清楚地知道了企业的各级员工都在想什么，也从不同的管理者风格中汲取到了所需的营养。我深深体会到，一家企业要想可持续发展，领导人必须善于学习。

学习是为了更好地创新。我的经验是，当自己在某一个阶段自我感觉不错的时候，赶紧找标杆，身边没有就到外面找，只有不断放大视野，多了解其他成功的人是怎么做的，我才不会故步自封，才会去主动思考自己在哪些方面还做得不好，未来怎样做得更好。

值得提醒的是，学习的目的在于运用，切不可舍本逐末，为了学习而学习，理论有时候也会害人。

打个比方，其实有时候如果你要称1斤糖，其实用手掂量就可以了，没必要拿磅秤去称，虽然手一掂量会有误差，但不会影响效率与速度，但如果你要称成千上万斤的糖，用手抓的误差就不是一点点了。

在我看来，**理论学习是为了未来做准备的，它使你的能力超越现在，不完全是为了解决眼前的问题。**

有时候，理论看上去很好，听起来很过瘾，但企业的基础没有打好，一用就会失灵，甚至产生负效用。拿我们的绩效来说，如果团队的思想跟不上，没有建立起有效的人力资源支持系统，再好的理论知识我们也吃不消。在实践过程中,理论反而有可能带来破坏性的后果,得不偿失。

　　我曾经是个狂热的学习者,但后来也开始反思,我体会到,企业离不开实践。

自己胜利的同时让别人受益

　　企业要做大,离不开优质的战略伙伴。 在商业合作时,我始终遵守一个原则:一只脚站在己方,另一只脚站在对方,要多替别人想一点,替对方的员工想一点,这样的合作才是稳固的。

　　更进一步说,在具体的合作时,我会先舍得自身利益,有时候会做一些管理人员不情愿做的事情。

　　2009 年 11 月初,我们接手了位于上海繁华市区的一家酒店,这家酒店是个烫手山芋,定位不清晰,长期亏损,先后换了几家酒店管理公司都不景气。 我们的合作首先建立在对方对美华的认知上,他们没有想到,在西安还有这样一支朝气蓬勃的团队,我们的文化让他们感到震动。

　　按照常理,陌生人的出现,当然会让对方原来的管理团队难免有点不适应,他们不知道我们的葫芦里卖的是什么药,又会用怎样的管理手段来重塑酒店。

但实际上，我们只用了 3 天就完成了资产和人员交接工作，酒店内部气氛焕然一新。更让人感动的是，一位退休的老工程师流着眼泪告诉我们："请相信我们，我们不会给你们添麻烦的"。

那么这一切是怎么形成的呢？道理很简单，在把成功带给别人之前，你要先把信心带给别人。

第一天上午，我们组织酒店人员观看了美华的宣传片，之后大家又拿着我们的《美华风采》仔细阅读。整个过程中，管理人员与新美华人进行了亲切的情感交流。我专门起草了《给诸新战友的一封信》：

在美华二次创业的关键时期，我们与你相遇。瑞登雅阁酒店成为美华的第 10 个成员，你我成为新的战友，这一切让我们倍感兴奋与幸运！

美华历经 13 年的努力，从 20 万元起家到如今资产增长 500 倍，并且创造多个起死回生的经营奇迹，被行业称为独特的"美华现象"。美华的员工是战友，美华的客人是亲人。

美华员工个个激情有礼，美华员工处处真诚友好！

企业与员工同成长，员工与企业共受益，奖金、分红让你不仅仅是员工，更是企业的股东。

2010 年底，美华酒店的经营规模将达到 30 家，美华立志成为中国精品商务酒店一流品牌的愿景目标，一定会在 2015 年成为现实，美华酒店将于 2012 年 8 月 8 日在美国纳斯达克成功上市！

美华吸引了一大批酒店的骨干精英，目前推动企业正以每月增加 1.5 家酒店的速度大步前进。

各位新朋友，此时此刻加盟美华的你是幸福快乐的！你即将与我们这个超强团队一起打拼，你即将与我们一起创造美华奇迹！我们真诚地邀请你，用你勤奋务实的工作精神，无可比拟的专业素养使瑞登雅阁酒店迅速成为行业标兵。我们会有令你心动万分的绩效激励，我们会开展丰富多彩的成长培训！

来吧，各位朋友！相信你是最棒的，全体美华新战友！

依照惯例，正式交接后的第一天早上，我们进行了酒店的第一次晨誓，管理人员提前 10 分钟到场，站在门口主动向每一位进来的员工鞠躬。意外的是，酒店的原任总经理带领所有的原管理人员提前到场。

第二天早上，我们召开了第一次员工大会，为酒店的 105 位新家人每人准备了 100 元的交通卡。当全体员工手持我们送给他们的礼物时，很多管理者情不自禁地热泪盈眶，我们找到了心心相印的感觉。

可以想象，在未来的日子里，我将一次次这样流露心声，这个世界没有什么比共赢更令人兴奋的事情了。

我要让合作伙伴认识到，找到了美华，就找到了共同的愿景，找到了做事业的信心，找到了成功的快乐！

坚守内心的原则，把握平衡的艺术

一个人的性格可以改变吗？我的回答是,性格的本质很难改变,但可以通过外在的形式不断改善。

从个性来说,我本来是个喜欢走直路的人,是就是,非就非,但生活却教育了我如何做到外圆内方。

当企业的发展遇到环境不公正的待遇,或是我不得不做一些违背内心情感的事情时,说实话我也会感到愤懑,也会不喜欢做,但反弹的结果只能带来更多的障碍,拿自己的正确惩罚了别人。

后来我渐渐学会了换位思考。当我坚持自己的做法时,会想这样是不是更利于自己,而伤害了别人的利益。虽然我知道自己的做法是正确的,但有没有可能既满足了自己,同时又满足了别人呢？我满足了别人,也就从某种意义上成全了别人。

我认识到,企业只是一个社会的细胞。 在某些方面是强者,但在很多方面也是弱者,有些道理讲不清楚,讲清楚麻烦就来了,

268

结果不是赢，而是大输，是赢回了一点，却失去了一个面。

碰到矛盾时，我首先会想，要接受别人的想法，他为什么这样做，我的方式是不是过于直接了。这时候，我就要努力克制内心的情感，避免用自己的想法去迎击别人。发生正面交锋是最蠢的事情。我会更多地采取迂回战术，有些时候当让则让，有些时候当上则上，但一旦决定上，一定要能控制住局面。

我承认自己有感性的一面，有些事情我做了，并不代表内心的认同，但决定行动方式的却是理性的。

理性就是现实的平衡之道。真正需要平衡的时候，我会这样想：自己这样做是对现在好还是对未来好，是拣到了小利益还是丢掉了大利益，也许我失去了眼前，但有没有可能赢回了未来呢？

当然，如果遇到原则上的大是大非问题，我依然会寸土不让，即使这样，我的表现方式也要温和得多了。

坚持是通往成功的唯一捷径

一个人的成功究竟靠什么？每个人都有自己的答案。在我看来，真正的成功只能用时间去衡量。

如果把创业当作是一场人生的修炼，我认为它可以分为两种：一种是消极的人生，一种是积极的人生。消极的人生往往把问题搞得越来越复杂，把负面的问题无限放大；而积极的人生却能够把大问题放小，用最简单的方式去解决，认准了就去做，想到了就去做，人生的意义自会展开。

决定一个人成功的品质，一个是信念，另一个是价值观，两者缺一不可，是一个硬币的两面。就我个人而言，今天之所以能取得一点成就，不是因为别的，是我坚信自己的选择是正确的。

我既然认准了事业的方向，就无须改道。人的一生机会有限，时间有限，选准了就不要变，所有的伟大都是从平凡到优秀到卓越一步步过来的，不明白这个道理，事业很难支撑下去。

我一贯欣赏和钦佩内心坚定的人。很多人成功就是因为相信，彻底地相信，然后迅速行动。你相信它，信任它，内心的世界就是宇宙。当你真正相信和信任的时候，内心跟宇宙会达到通灵的状态，宇宙中很多要素就会投射到你脑子里，很多东西会降临到你身边，给你很多启示，慢慢地，你持续越久，吸引力就越来越大。

信念的敌人是恐惧与怀疑，因为对很多事情心存怀疑，不敢去行动，所以有人总是行动很慢。有了信念，就能增加很多能量，打破心灵的瓶颈，就会学习到很多东西，吸收很多能量，获取很多成功的要素。身高不可变，可变的是心灵的宇宙，想尽一切办法来感动上天，感动宇宙，达到通灵的状态。当你的真诚达到一定程度，上天就开始帮你，否则，只能自己帮自己。

我常常告诉自己，**我要相信，不要怀疑；我要创造，不要破坏；我是宇宙的主导，所有的成长都来自于接受痛苦，迎接痛苦，这样才能成长。**

那么，我个人的内心驱动力是什么呢？归结起来就是要做到两个方面：一是要让顾客享受到最好的服务，享受生活的美好；二是要让员工过上幸福生活。

我不是天才，也不是超人，但我至少相信过程，相信一步一个脚印的付出总会有回报；今天我离自己的梦想还远，我和我的团队依然在路上，我们的成功还很有限，但这是支撑我不断奋斗的源泉与动力。

与梦想一起奔跑

热情！

感恩！

爱！

Power！

这是多么美好的一天呀！

　　每天清晨起来，我都会对着镜中的自己挥舞着拳头，大声发出内心的呼喊。无论昨天遭遇了怎样的挫折，我知道自己又拥有了全新的能量，美好的一天在等着我去行动，从现在开始！

　　我是个喜欢做梦的人。20年前，我不敢做梦；20年后，时代赋予了我做梦的勇气与力量。世界已不再是先前的样子，越来越多的中国创业者已漂洋过海，凡有商业活力的地方就能看到中国人的身影，我的同行正紧锣密鼓地进行着国际化布局。我有幸生于一个缔造商业传奇的时代。

创业者骨子里是梦想家，但我要做现实的梦想家。**能够选择自己热爱的事业是人生最大的幸运，同时要保持一种精益求精的驱动力。**没有梦想寸步难行，有了梦想更要小心谨慎地前行。

面对不可知的未来，我也会抱有一种莫名复杂的心情。或许真正的创业者有一点不同，那就是必须充满斗志，不管昨天遭遇什么，我都没有理由停顿、怀疑、恐惧，我不能放弃自己。

过去已经发生的，我无法再改变，我更兴奋于变化莫测的未来。我的脑海里时常会浮现出这样一幅画面：20年后的某一天，我静静坐在我们驰名世界的酒店里，望着窗外夕阳下壮美的风景，一面重新思索人生；或是来到酒店门口体验一把当门童的感觉。人们会感到惊奇，为什么一个白发苍苍的老先生还不回家休息，而是带着殷殷的笑意迎接他们的进出。也许有个住店的小男孩会主动和我交上朋友，他想听我讲故事，但愿那时候我的故事足够吸引人。

我们新的远景是这样的，到2012年，拥有100家酒店，2015年300家，2020年500家，2040年1000家。我们要做中国精品商务酒店的领跑者，走出国门，把美华的旗帜插遍世界。

听起来是不是有点像痴人说梦，我知道这是一场新的赌注，结局充满悬念，我们每天都面临着挑战。我预感到，历史性的机遇可能就在未来三到五年内，我们既然已经来了，为什么要选择退缩？

创业也是一种心性的磨炼，它让我体会到了什么是真正的成熟。这是一个渐变的过程，创业让我最大限度地收获了生命的感悟，成长为一个有所作为的人，一个对社会有用的人，一个坚强而有力量的人。

我爱创业，如同热爱自己的生命一样，我要用生命拥抱创业，用30年去检验自己是否成功。

当然，创业也是下地狱的活儿，是挑战人生极限的职业。我真心希望我们这一代创业者曾经走过的弯路，下一代不必再走；我们曾遭受过的苦痛，下一代不用再体验。他们不用再像我们那样在现实的逼迫下夺命狂奔，他们应具备更健全的人格、更健康的财富观与价值观，应更自信。

创业的苦乐难以言说，正是因为前行道路上的参差起伏，我才有幸看到了更多的风景。每一次小小的进步，或是难言的崎岖与挫折，都为我的人生注入了新的元素，增添了一份重量。

回忆中，我总会一次次想起少年时母亲在家里磨豆腐的情景，想起祖屋里那间狭小的作坊。

我突然觉得，其实为我们操劳了一辈子的母亲也是创业者。她的条件更艰苦，在那个粮食供给限量的年代，起早贪黑每天也只能卖出定量的豆腐。但母亲对生活从没有怨言，总是快乐地重复着繁重的体力工作。母亲只有一个心愿，就是让孩子们生活得更好。就这样，在磨盘日复一日的转动声中，我无忧无虑地渐渐长大,有了闯荡人生的机会。因此,这本书不仅献给我们这个时代曾经创业、正在创业或明天将创业的人,同时也献给天下所有平凡而伟大的母亲以及在进行着人生创业的人。

最后想说的是,创业是这个时代赐予我们每个人最好的礼物。既然选择了创业,我们就要好好珍惜它,呵护它,认真地对待它。也许到生命的最后一刻,我们会惊叹道:创业的人生如此美丽!

致　谢

　　我很早就想把自己的人生经历与创业的经验写成一本书，与我的伙伴和各位创业的朋友们分享，可总是没有机会静下心来，也觉得自己不够格，想等到自己非常成功的时候再说。直到2009年6月，我参加亚洲超越极限公司举办的超级领导力年会，听讲师梁凯恩先生鼓励每个学员把自己的经商经验与管理心得总结出书，更好地帮助自己成功，同时可以帮助更多的人成功。他的建议激发我了快速成书的想法，并很快开始实施这一计划。

　　我是个想到就干的人。为了在最短时间变为现实，我找到国内知名的出版机构蓝狮子财经出版中心，他们很快派出公司年轻能干的陆斌先生飞到西安与我当面沟通，之后又与吴晓波老师在上海见面深谈。随后与屈波先生历时数月几十次的挑灯夜谈，交心沟通，书稿终于完成。今天本书能与大家见面，是我过去期待，也是当下非常期待的。每每想到本书或许对准备创业和正在创业的年轻朋友有点帮助，或是引发他们点滴的心灵共鸣，我就会感到无比的荣幸和幸福。

　　至今，写书的过程有数个片段还令人难忘和兴奋不已，我发现人生的道路上其实有很多需要我们随时捡拾和精心打磨的珍珠,写书本身也是对人生的一次总结和修炼。我不是为了写书而写书,而是诚恳地希望借由自己走过的路为更多立志创业和希望创业成功的朋友以心灵的慰藉和支持,让大家少走一些弯路并在创业之路上坚持下去,同时对没有创业的朋友也能有所启迪。

回望过去,人生四十,我已在创业之路上奋斗了20年。今日有了一点成绩可以见诸世人,首先要感谢我平凡而伟大的母亲,她用勤劳智慧和无尽的爱成就了我;感谢父亲给了我勇敢、正直和坚强的性格;感谢美丽善良的妻子晓玲,她总是默默地站在我身后,心甘情愿地帮助我,追随我;还要感谢我的孩子柏畅和琢雅,他们令我享受了无尽的天伦之乐。

我要感谢我的姐姐兆秀、龚琼和妹妹兆莲,她们给了我莫大的帮助与支持;我要感谢我生命中的贵人陈楚明先生、高怀德先生、杨菊彩女士、马启敏先生、丁茂奎先生、马建田先生……他们在我人生最关键的时期给了我最重要的帮助和点悟。我要感谢我的朋友纪昌青先生、黄全成先生、蔺琪先生、张正献先生、姐夫王自隆先生、曹大军先生、妹夫张成继先生,他们在我创业初期都给了我无私的帮助;我要感谢10岁那年把我从河里救起来的救命恩人,是他给了我第二次生命。

我要感谢多年来与我一起打拼的事业伙伴何治军先生、鲁丹女士、胥斌先生、鲁敏女士、刘道娥女士、李惠芹女士、马丽女士、雷宏霞女士、周军先生、冯帅先生、来宝忠先生、李文革先生、高其花女士、张晓芳女士、薛萍女士、陈善翠女士、朱菊女士、熊丽女士、李侠女士。还有近几年加盟美华的优秀伙伴朱小武先生、岳美丽女士、郭慧珍女士、林升先生、吴小彤女士、徐国栋先生、张金阁先生、闫艳妮女士、苏妮尔女士、郑法根先生、李勇先生、何晓波先生、李静女士、王军武先生、陈树先生、马顺侠女士……我的成功都浸润着他们用心的付出与奉献。

我还要感谢许多领导和朋友：刘晓燕女士、邓方先生、汪名先生、李厚文先生、黄毅先生、向书茂先生、马涛先生、马□先生、邹俊杰先生……他们从不同角度以各种方式在帮助我，他们的认可和鼓励给了我莫大的信心；我还要感谢导师李践先生、林伟贤先生、孙坚先生、梁凯恩先生、吴言生先生、海灵格大师、卢致新先生……，他们像一盏盏明灯指引着我人生的航向；我要感谢曾经帮助过我的朋友周岗先生、沈小帆先生、黄欣先生、李晓年先生、景玉潮先生、张珊珊女士，以及已经离开企业的许多好伙伴；我要感谢我的合作伙伴杨荣玉先生、袁瑞森先生、袁瑞林先生，感谢他们为我搭建了事业发展的平台。最后，我还要真心地感谢太多没有提名的员工、朋友，以及曾经帮助过我的恩人，祈求他们包涵我的不周和不敬之处，并深深地感谢他们、祝福他们，祈愿我们在未来的日子里，共同开启一段更加美妙的旅程。

龚兆庆

2010 年 1 月 28 日于上海

一个创业人的"普鲁斯特问卷"

（龚兆庆）

1.你认为最理想的快乐是什么？——和家人出去度假

2.你最希望拥有哪种才华？——超强的亲和力

3.你最害怕的是什么？——高空跳伞

4.你目前的心境怎样？——极具企图心

5.你本身最显著的特点是什么？——思考周密

6.你认为最伟大的成就是什么？——让他人快乐和有成就感

7.你自己的哪个特点让你最觉得痛恨？——懒得见人

8.如果你能选择的话,你希望让什么重现？——初恋的甜蜜

9.你最痛恨别人的什么特点？——虚伪

10.你最奢侈的是什么？——学习投资

11.你认为程度最浅的痛苦是什么？——付出遭人拒绝

12.你认为哪种美德是被过高的评估的？——不清楚

13.你最喜欢的职业是什么？——酒店业

14.你对自己的外表哪一点不满意？——脸太瘦

15.还在世的人中你最钦佩的是谁？——李嘉诚

16.还在世的人中你最轻视的是谁？——陈水扁

17.你最喜欢男性身上的什么品质？——牺牲自我

18.你最喜欢女性身上的什么品质？——细心

19.你使用过的最多的单词或者是词语是什么？——坚持与成功

20.你最伤痛的事是什么？——被人欺骗

21.你最看重朋友的是什么特点——真诚

22.你这一生中最爱的人或东西是什么？——女儿和车

23.何时是你生命中最快乐的时刻？——顾客感谢员工时

24.你希望以什么样的方式死去？——在最后一次演讲中死去

25.你的座右铭是什么？——做事勤奋认真，做人正直感恩

答卷人 龚兆庆

图书在版编目（CIP）数据

与你的梦想一起奔跑；创业家是怎样炼成的 / 龚兆庆，屈波著. —杭州：浙江大学出版社，2010.1
ISBN 978-7-308-07385-1

Ⅰ.①与…　Ⅱ.①龚…　②屈…　Ⅲ.①饭店—经济史—四川省②龚兆庆—生平事迹　Ⅳ.①F719.2②K825.38

中国版本图书馆 CIP 数据核字（2010）第 015735 号

与你的梦想一起奔跑——创业家是怎样炼成的

龚兆庆　屈　波　著

策 划 者	蓝狮子财经出版中心
责任编辑	钱济平
出版发行	浙江大学出版社
	（杭州市天目山路 148 号　邮政编码 310007）
	（网址：http://www.zjupress.com）
排　　版	杭州求是图文制作有限公司
印　　刷	杭州杭新印务有限公司
开　　本	710mm×1000mm　1/16
印　　张	19
字　　数	166 千
版 印 次	2010 年 2 月第 1 版　2010 年 2 月第 1 次印刷
书　　号	ISBN 978-7-308-07385-1
定　　价	40.00 元

版权所有　翻印必究　　印装差错　　负责调换

浙江大学出版社发行部邮购电话(0571)88925591